Waalwege in Südtirol

Gianni Bodini

Waalwege in Südtirol

Ein Bildwanderführer durch eine untergehende Kultur

TAPPEINER.

Übersetzt aus dem Italienischen von
Herbert Raffeiner

Bildnachweis:
Tappeiner AG
Aerphoto Service
Gianni Bodini, Schlanders

Bildnachweis Inserate:
Drescher, Spechtenhauser, Stanzl sowie aus dem Besitz der Inserenten

Gesamtherstellung: Tappeiner AG
Konzeption: Gianni Bodini/Helmut Krämer
Printed in Italy

ISBN 978-88- 7073-524-6

TAPPEINER.

INHALT

EINFÜHRUNG

Wie dieser Führer aufgebaut ist: im ersten Kapitel beschränke ich mich darauf, über Geschichte und Funktion der Waale zu erzählen, die im Lauf der Jahrhunderte in dieser Alpenregion errichtet worden sind. Daran schließt sich ein Abschnitt an, in dem einige den Waalen vergleichbare Bewässerungsanlagen in anderen Alpen- und Erdteilen vorgestellt werden. Mit der Beschreibung des Verlaufs dieser Waale werde ich von Fall zu Fall genauere Hinweise über die Baugeschichte, die Länge und die charakteristischen Merkmale geben. Die Wandervorschläge sind zudem auch mit nützlichen Angaben ausgestattet, so zum Streckenverlauf, zum Zeitaufwand und zum Schwierigkeitsgrad. An den mit ▶ gekennzeichneten Stellen findet sich die jeweilige Tour im Überblick beschrieben. Auf Sehenswürdigkeiten am Wege wird gesondert eingegangen. Den Band beschließt ein Glossar, das wichtige Fachausdrücke und umgangssprachliche Begriffe aus der Bewässerungswirtschaft des Vinschgaues erläutert.

Dieser Führer begleitet uns bei der Erkundung einer der weniger bekannten Seiten Südtirols und besonders des Vinschgaus – auf den Steigen, die die uralten Bewässerungskanäle säumen. Dabei wende ich mich nicht vornehmlich an diejenigen Wanderer, die nur genau Bescheid wissen wollen über Ausgangs- und Endpunkt, Gehzeiten, Schwierigkeiten, Einkehrmöglichkeiten, Höhenunterschiede usw. Dafür sind im Handel entsprechende Wanderkarten und Veröffentlichungen erhältlich.

Diese meine Arbeit wendet sich ganz besonders an all jene, die das Land, das sie durchqueren, wirklich kennenlernen wollen – auch seine Geschichte und seine Besonderheiten. Ich widme mich Wegen im Spannungsfeld von Natur und Kultur: Die geringen Jahresniederschläge im Vinschgau haben den Menschen gezwungen, im Laufe der Jahrhunderte ein ausgedehntes Netz von Bewässerungskanälen anzulegen, die im Tal »Waale« genannt werden. Parallel dazu verlaufen jene Steige, die für deren Instandhaltung unerlässlich waren, die »Waalwege«; und gerade diese »Dienstwege« beschreiten wir auf unseren Streifzügen. Einige dieser Wanderungen, die uns ungewöhnliche Aspekte dieses Landes näherbringen werden, sind recht anspruchsvoll. Wir treffen auf stumme Zeugnisse einer jahrtausendealten Kultur, die langsam ausstirbt, und ihrer Entwicklung, auf Zeugnisse einer archaischen, uns zeitlich so fern erscheinenden und doch bis gestern noch lebendigen Welt, in deren Mittelpunkt dieses so kostbare – weil so rare – Element stand, ein Element, das oftmals vergeudet wird, weil es wenig kostet, aber heute wie ehedem unerlässlich ist für alles Leben: das Wasser!

Tatsache ist, dass die meisten dieser Bewässerungskanäle heute nicht mehr in Betrieb sind, ein großer Teil wurde durch rationellere Bewässerungsanlagen ersetzt. Aber das überkommene Verteilungssystem hatte im Laufe der Zeit ein Gleichgewicht zwischen den Bedürfnissen der Bauern und der Natur erreicht: Wer weiß, ob auch die neuen, technisch so ausgereiften Anlagen auf Dauer imstande sein werden, beiden Ansprüchen gerecht zu sein.

In diesem kleinen Führer war es mir nicht möglich, alle möglichen Wanderungen im Vinschgau und dessen Umgebung zu berücksichtigen. So spreche ich zum Beispiel nicht ausdrücklich von Laas im Vinschgau, dem Dorf mit dem komplizierten Wasserrecht und -verteilungssystem – seit Jahren ist keine Sitzung des Gemeinderates vergangen, ohne dass zumindest ein Punkt der Tagesordnung das Wasser betroffen hätte, wie mir der Bürgermeister kürzlich mitteilte.
Bei meinen Nachforschungen hatte ich Gelegenheit, mit vielen jener Leute sprechen, die selbst mit dem Wasser und seiner Verteilung zu tun hatten, und ich habe geradezu unglaubliche Diskussionen bezüglich der Bewässerungsprobleme mitverfolgt. So erinnere ich mich auch an eine lebhafte Aussprache zwischen Vertretern von Laas und Kortsch; sie sollten darüber entscheiden, ob gemeinsam ein Buch über ein historisches Wasserabkommen aus dem Jahr 1494 veröffentlicht werden sollte – es ging dabei um die Bewässerungsrechte aus einem gemeinsam genutzten Bach. Es wurde, kurz gesagt, nichts aus diesem Buch, weil man sich nicht über die Auslegung dieses historischen Abkommens einigen konnte. Das Gespräch wurde recht hitzig und man diskutierte – trotz des ein halbes Jahrtausend zurückliegenden Falles – so darüber, als ginge es um ein aktuelles Problem!

Wir brauchen nicht alle Waalwege zu erwandern und alle Waale zu begleiten, um ein Bild von der Bedeutung der alten Bewässerungssysteme zu erhalten. Es genügen Abschnitte, auf denen wir während der Wanderung aufmerksam beobachten und einfühlsam überlegen. Genießen wir auch die Landschaft, in die die Waale eingebettet sind.

Das Bild auf der nächsten Doppelseite zeigt die Waalschelle am Tscharser Schnalswaal.

KLEINE GESCHICHTE DER WAALE

In allen alpinen Regionen, aber nicht nur hier, wurden im Laufe von Jahrhunderten oder Jahrtausenden wegen der Niederschlagsarmut ausgeklügelte Techniken für die Fassung, den Transport und die Verteilung von Bewässerungswasser entwickelt, um die Ernteerträge steigern zu können.

In der Region, die in diesem Führer vorgestellt wird, stoßen wir auf ein hochentwickeltes und verzweigtes Bewässerungssystem, das den Lebensbahnen eines menschlichen Organismus gleicht, in dem Adern und Venen die Versorgung des Körpers bis in die äußersten Zellen sicherstellen. Also sind die Waale die Wasseradern des Vinschgaus.

In Südtirol, und besonders im Vinschgau, entwickelte sich im Laufe der Zeit ein Bewässerungsnetz, das zu den vollständigsten im ganzen Alpenbogen zählt: viele Kilometer von Wasserläufen, die in die Erde gegraben oder aus den Felsen gehauen

Rechte Seite: Bei Laatsch

Im Vergleich zur Berieselung durch Waale ist bei der heutigen Beregnung und dem Wassertransport durch Rohre nur noch ein Viertel der Wassermenge nötig.

Die zahlreichen alten Dokumente werden wie Schätze gehütet: Urbare, Grundbücher, notarielle Akten, Dorfbücher, alte Schriften und Aufzeichnungen. Darin sind die Verhaltensregeln, die Zahlungsformen, die Rechte und alles festgehalten, was mit der Welt der Waale zusammenhängt. *(Siehe hierzu auch Seite 22/23).*

sind, mit langen Rohren aus Metall oder Holz. Und einige von diesen Waalen führen noch heute Wasser in die entlegenen Wiesen und Felder.

Entlang dieser Waale, die mit ihrem Verschwinden immer bedeutendere Zeugen einer vergehenden Kultur werden, führen zumeist leicht begehbare Wege, die Waalwege. Auf ihnen wurden früher die Kontrollgänge durchgeführt, von ihnen aus wurde der Wasserlauf gesäubert und instandgehalten. Heute sind diese wunderschönen Waalwege zu beliebten Wanderwegen geworden.

Die ältesten Urkunden, in denen die Rechte auf Wasserableitung und Wassernutzung festgehalten sind, reichen in das 12. Jahrhundert zurück. Aber bereits in diesen wird schon öfters auf frühere Rechte Bezug genommen, die nun schriftlich bestätigt wurden. Wir dürfen also davon ausgehen, dass es schon viel früher Waale gegeben hat.

Es ist schwierig, ein genaues Entstehungsdatum für die einzelnen Waale zu finden, doch können wir annehmen, dass es

schon in frühester Zeit primitive Waale gegeben hat, mit denen Wasser aus nahen Seen oder Teichen in die Felder geleitet wurde.

In den vergangenen Jahren konnten bei archäologischen Grabungen Reste von menschlichen Siedlungen aufgefunden werden, in denen die Nutzung von Wasserwaalen nachgewiesen ist, die 3000 Jahre und weiter in die Geschichte zurückreicht.

Mit der Zunahme der Bevölkerung und mit der Ausweitung der landwirtschaftlichen Anbauflächen mussten die Bauern immer längere und verzweigtere Bewässerungsnetze bauen. Diese Notwendigkeit ergab sich im Vinschgau aus der Trockenheit, die besonders im späten Frühling und im jungen Sommer gerade zu Zeiten auftritt, da die Pflanzen wachsen und Fruchtstände bilden sollten.

Es sind die geographischen und klimatischen Gegebenheiten, die dieses hochentwickelte Bewässerungssystem geradezu erzwungen haben: Der Vinschgau ist ein alpines Längstal

»Das Wasserrecht richtet sich heute noch nach den alten Urkunden. Sie sind in dem Verkaufswert von Grundstücken ausführlich beschrieben. Wenn ein Bauer seine Bewässerungsstunden nicht ganz benötigt, kann er sie verkaufen. Vom Wasserrecht selbst darf er nichts verkaufen. Dagegen kann es durch Hypothek wie eine Realität belastet werden. Im Grundbuch ist für jede Parzelle das zugehörige Wasserrecht eingetragen, es kann nicht gesondert verkauft werden.«
(Aus: Franz Tumler, Das Land Südtirol. München 1971)

Auf den Gletschern entsteht aus zehn Metern Schnee im Laufe der Jahre rund ein Meter Eis. Eine Schneeflocke wird darin ein halbes Jahrtausend konserviert, bevor sie irgendwann schmilzt.
Nur noch 1,5 Prozent des Alpenbereiches sind mit Gletschern bedeckt (etwa 3000 Quadratkilometer). Heute sind in den Gletschern unsere großen Wasserreserven gespeichert.

zwischen den hohen Bergketten der Ortlergruppe im Süden und der Ötztaler Alpen im Norden. Diese Berge schaffen eine natürliche Barriere für die schweren Wolken, die ihre Feuchtigkeit an den Flanken im Norden und im Süden abregnen. In großen Höhen fallen die Niederschläge in Form von Schnee, dort bilden sich Gletscher, die zu enormen Wasserspeichern werden. Daraus werden dann in warmen und trockenen Jahreszeiten die Bäche gespeist, aus denen der Mensch das Wasser für die Bewässerung der Flur ableitet.
Im Vinschgau gibt es mehrere meteorologische Messstationen, die eine jährliche Niederschlagsmenge von weniger als 500 Millimeter ausweisen – das sind Werte wie etwa in manchen Zonen Siziliens. In anderen benachbarten Tälern, wie im Passeiertal oder im Venter Tal, werden die doppelten oder dreifachen Mengen gemessen. Dort bestand nie das Problem, über Jahrhunderte ein derart weites und verzweigtes künstliches Verteilernetz für die Bewässerung mit Waalen zu schaffen und zu erhalten.

Rechte Seite: Ohne das Wasser aus dem Schnalstal wäre die Nutzung der Gründe für Obst und Weinbau auf dem Schuttkegel von Tschars nicht möglich gewesen. Ähnliches kann von den Gründen über Naturns gesagt werden, die ihr Bewässerungswasser ebenfalls aus dem Schnalstal beziehen. Dafür wurde in mühevoller und gefährlicher Arbeit der Naturnser Schnalswaal gebaut. Die Arbeiten wurden 1830 begonnen und nahmen drei Jahre in Anspruch. Sie wurden unter der Bauleitung der Gebrüder Gamper durchgeführt, die sich auf solche Projekte spezialisiert hatten; von ihnen stammen auch der Stabner und der Juvaler Waal.
Über rund 1300 Meter wurde das Wasser in Holzrinnen geführt, die aus vier Meter langen Bohlen zusammengenagelt waren. Sie wurden mit Haken und Seilen in der Felswand befestigt. Dabei haben sich die Arbeiter von oben abgeseilt – eine sehr anstrengende Mutprobe, doch während der Bauzeit und über die Jahre des Betriebes hat es nie einen Unfall am Waal gegeben. Bereits vor dem Ersten Weltkrieg wurden die gefährlichsten Stellen mit Druckrohren überwunden. Heute ist der Waal verfallen, es sind nur noch wenige Reste zu sehen.

Niederschlagswerte im Vergleich		
Ort (Region)	Höhe über N.N.	Niederschlag
Südtirol		
Naturns (Vinschgau)	551 m	483 mm
Karthaus (Schnalstal)	1327 m	540 mm
Unser Frau (Schnalstal)	1497 m	656 mm
Schlanders (Vinschgau)	706 m	485 mm
Meran (Burggrafenamt)	319 m	703 mm
Österreich		
Kitzbühel (Nordtirol)	743 m	1270 mm
Deutschland		
Aschau (Chiemgau/Bayern)	620 m	2074 mm
München	527 m	964 mm
Berlin	51 m	581 mm

Naturgemäß hat dieses komplizierte System der Wasserfassung und Verteilung verschiedene Schwierigkeiten technischer, juridischer und verwaltungsmäßiger Art geschaffen. Denken wir nur an die begrenzten technischen Möglichkeiten, mit denen die Erbauer der Waale die Rohre an überhängenden Felswänden so verankern mussten, dass noch ein durchschnittliches Gefälle von 0,5 bis zwei Prozent gewährleistet war, denn geringere Werte hätten einen Rückstau des Wassers mit Ablagerung von Schlamm verursacht. Ein stärkeres Gefälle hingegen hätte einen zu schnellen Abfluss mit Erosionsfolgen bedeutet.
Unterschiedliches Rechtsempfinden und eigennützige Verwaltungspraxis haben im Laufe der Generationen zu Streitigkeiten und unendlichen Prozessen geführt. Diese Konflikte wurden vielleicht die Grundlage für die ersten Absprachen und Ordnungen. Die Wassernutzung trug somit zur Bildung eines Gemeinschaftssinnes bei, der für das Überleben von bäuerlichen Einheiten in extremen Regionen notwendig ist. Der Bau und die Erhaltung von kilometerlangen Wasserläufen, die häufig schwieriges Gelände durchqueren mussten und immer den zerstörenden Kräften der Natur, wie Erdrut-

... Dazu kommt noch die Unregelmäßigkeit der Zeit, der Waal ist nicht zu jeder Tageszeit gleich ergiebig. Daher muss bei der »road« auch in den Tageszeiten gewechselt werden, wir sagen die »Nachtweile« und die »Tagweile«; und über die Reihenfolge in der Weile entscheidet das Los.

Rechte Seite: Felder bei Prad am Stilfser Joch, aus der Vogelperspektive betrachtet.

schen, Steinschlag und Lawinen, ausgesetzt waren, konnten nicht von einer Bauernfamilie allein bewerkstelligt werden. Sie waren Gemeinschaftswerk.

Schließlich musste das Bewässerungswasser, das über einen Waal herantransportiert worden war, auch gerecht verteilt werden. Jedes Dorf, jede bäuerliche Siedlung und jeder Weiler hatte also einen Verwaltungsrat (wie man heute sagen würde) zu wählen. Der bestellte einen Pfleger des Waales, den Waaler, jenen Mann des Vertrauens, der die Verwaltung der so schwierigen und delikaten Wassernutzung übernahm. Es entstanden fein durchprobte Regeln der Wasserentnahme und die Berechnung der nutzbaren Wassermenge, turnusweise Zuteilungen über Tage, Tageshälften oder Stunden. Dabei mussten die Lage des Hofes, die Ausdehnung der zu bewässernden Fläche und die Jahreszeit berücksichtigt werden. So sehr sich dieses Verteilungssystem auch von Waal zu Waal unterschied, stand doch dahinter stets der Wille, eine möglichst gerechte Wassernutzung zu ermöglichen. Der aus Südtirol stammende Schriftsteller Franz Tumler berichtet in

Alle, die in Glurns hausen und wohnen, auch süzen und genüessen, wun, waid, holz, weeg und steeg gebrauchen, die sollen schuldig sein, 3 tag in den 3 wällen, als unter-, mütter- und den berkwahl, machen helfen und schicken, auch sonsten helfen, es sei zu kirchen und strassen, als oft es noth beschicht, doch nach aines ieden vermugen, und so oft ainer geboten wirdt und nit erscheint, der ist der statt peen verfallen 12 krz. und soll nichts destoweniger hinnach sein gebürende gemaine arbait erstatten. Auch ist von alter herkomben, wenn ainer von Laatsch ainem wäller das wasser abbräch oder nimbt, es sei mitter- oder unter-wall, der soll hierumben nach laut der verträg abgestrafft werden. (...) Item auch, wann die wäller das wasser anderst geben, als von alter herkomben ist, so seint si in straff der statt verfallen 12 kreizer, als oft es beschicht, und sollen darzue ihres dienstes entsetzt sein. (Glurns, 1650)

Item ernente wäller und veltsaltner seint auch schuldig, die wäll, so si unter handen, genuegsamblichen zu versorgen, damit weder der gemain noch anderen kain schaden darauß entstee. (Tartsch, 1716)

Und wover es sich auch begeb und zuetrieg, daß am waßer in Punibach mangl erschin, sollen si wäller und saltner schuldig sein, dem pach nach hinauf zu geen und achtung zu geben, wo sollicher mangel entstanden, und wo si den befinden, mit fleiß, als vil miglich, wenden und das waßer allenthalben einkehren, damit die wäll befirdert, auch die gemain und menigclichen deßhalben ohn clag und nachtl gehalten werd. (Tartsch, 1716)

Es soll auch kainer dem anderen auß der rod das wasser nit nemben oder abprechen, wan aber das beschäch, soll derselbe ohn alle genad umb ain pfunt perner gepfendt und durch im den wälleren die cost beschriebnermaßen ausgegeben werden, es wär dann sach, das ainer des wasser zum crautpuschen bedirftig were, mag er dasselbig wol nemben und brauchen, es sei hievon in- und außerhalb der rod, ohne eintrag menigclichens. (Tartsch, 1716)

Wann sich auch begibt, daß schwere, besorgliche weter erscheinen und anfallen und der meßmer darzue leiten solle, sollen ime ernente wäller und saltner leiten helfen; wo aber große wassergiß entstuenten also, daß si den wällen zuespringen und abwarten miesten, sollen si solliches leitens entladen, und er meßmer das allain verpunden sein zu verpringen (Tartsch, 1716)

Item, wenn länges das schwenzen und wassern angeet, und daß ainer die rod hat und kann auf seinen

Bei den Waalen hat alles seine Ordnung. Und zwar eine genaue: Hier einige Auszüge über die Bewässerungsrechte aus verschiedenen Dorfbüchern des Vinschgaus.

seiner überaus lesenswerten Monographie »Das Land Südtirol« von einer Versammlung in einem Vinschgauer Dorf, bei der die Wasserzuteilungen neu festgesetzt werden sollten. In seinen Zeilen entsteht ein guter Eindruck davon, mit welchem Verfahren es die Gemeinschaft versteht, in dieser für sie existenziellen Frage einen Konsens zu erreichen:

»Die ganze Prozedur war langwierig. Die Gespräche wurden leise geführt, auch Einwürfe nur leise und nach wiederholter Nachschau vorgebracht; keiner aber, der sich zu Wort gemeldet hatte, wurde übersehen: diese Aufmerksamkeit des Vorsitzenden zog die Sache nochmals in die Länge.

Ich hatte zuerst den Eindruck, dass die Schwerfälligkeit der doch einfachen Leute an dem langsamen Fortgang schuld sei.

rodtag nit fertig werden, mag er das wasser die ganze nacht brauchen, hinzt den anderen tag die sonne aufgeet, doch daß der wässerer bei dem wasser verbleib, sonsten mag ain anderer, der die negst rod darauf hat, ime das wasser nemben, und in fal ainer schon geschwenzt und der ander nit, sol derselbe, der geschwenzt hat, dem andern das wasser lassen. (Schluderns, 1700)

Es soll auch jährlich am kässonntag der gemeine Alitzbachwahler vor ganzer gemeinde sich stellen, um die hut bitten. Und wann einer von einer ganzen gemeinde an- und aufgenommen wird, soll er den dorfmairn anstatt der gemeinde an eides statt angeloben, dass er wolle einem ieden, arm und reich, wer dann eine rod wasser in diesem bache hat, geben und zutheilen, dass er wisse solches gegen gott, die welt, seiner seele ohne nachtheil und schaden zu verantworten.

Der obere zahlwahler hat auch, wie von alters herkommen ist, um den alten st. Michaelstag urlaub, alsdann mag der oder ein anderer, wer dann zu diesem amte tauglich ist, vor ganzer gemeinde sich stellen, und um diese hut anhalten und bitten. Und welchem solche hut vergönnt und gelassen wird, der soll auch anstatt der gemeinde dem dorfmairn ainen eid anzugeloben schuldig sein, daß er wolle bei tag und bei nacht, die weil man das wasser ankehrt und braucht, auch sonderlich bei hohen schweren wettern sein fleissiges aufsehen haben, damit Kortschern, Schlandersern, oder wen es berührt, kein schaden beschehe. Er soll auch schuldig und verbunden sein, wann zum falle durch den Forrahwal, durch holztreiben, oder sonst an diesem unsern zahlwal schaden beschehe, dass er das alsbald zur stunde der gemeinde anzeige mit grund und wahrheit, wie das beschehen sei. Wann sich dann bei gedachtem wahler eine hin- und fahrlässigkeit befände, soll er alsbald von seiner hut urlaub haben und aus dem dorf geschaffen werden. (Kortsch, 1642)

Item zuvor die puntairen und tragwäl fleissig zu putzen und auszuschreiten und zu schwenzen, und sonst mit dem schreiten kein gfar brauchen, sondern einen, wie den andern zu halten. Item sollen sie auch kein wasser in die strass rinnen lassen, bestem ihren fleiss nach. (Latsch, 1607)

Dieselbigen (Wassersaltner) (...) sollen schuldig und verpunden sein fürs erst, (...) getreulich und ungeverlich dem armen als wol dem reichen, und dem reichen gleichwie dem armen, zu graben, machen und außzuraumben, damit das wasser an selben orten und enden nit verhindert werde. (Tarsch, 1700)

Aber dann, bei der Lautlosigkeit und den Pausen nach jedem Einwurf, wurde mir klar, dass die Beteiligten jedesmal gründlich über die Sache nachdachten: mit Rückgriff auf Geschriebenes oder auch auf Gedächtnis; sie waren ununterbrochen mit ihr beschäftigt, bis der Vorsitzende das Zeichen gab, dass sie geklärt sei.«

Natürlich waren nicht immer alle zufriedenzustellen, auch gab es Wasserdiebstahl und Streit. In Gerichtsarchiven finden sich Stapel von Prozessunterlagen; einige dieser Streitfälle dauerten über Jahrhunderte fort, so jener zwischen Burgeis und Mals, der sich über 300 Jahre hinzog, oder jener zwischen den Gemeinden Kortsch, Alitz und Laas, der gar über vier Jahrhunderte die Gerichte beschäftigte. Diese hartnäckigen Streithal-

Rechte Seite: Die letzten Verteilerwaale werden »Ilzen« genannt. Sie bilden dünenartige, langgestreckte Hügel. Heute gibt es nur noch wenige von ihnen, die meisten sind eingeebnet.

Folgende Doppelseite: »Auf rund 6000 Hektar stehen heute Beregnungsanlagen des Bonifizierungskonsortiums Vinschgau, davon sind 1 707 Hektar mit Frostschutzanlagen ausgestattet. Um gegen eine Frostnacht geschützt zu sein, braucht es heute 17 000 Liter Wasser in der Sekunde, davon stammen 6 000 Liter je Sekunde aus Naturdruckwasser und 11 000 Liter je Sekunde müssen gepumpt werden. Das Pumpen verursacht hohe Kosten und stellt eine Belastung für die Umwelt dar, denn im Untervinschgau sind heute 16 000 PS Dieselkräfte in den Pumpanlagen eingebaut, die die nötigen Wassermengen dem Grundwasser entziehen. Die Pumpanlagen belasten die Luft und den Boden, außerdem verursachen sie Lärm. Diese Nachteile können nur durch den Bau von weiteren Speicheranlagen behoben werden.«
(Aus: Die Säule der Landwirtschaft. Schlanders 1991)

tungen unterstreichen die lebenserhaltende Bedeutung eines kleinen Rinnsals für die bäuerlichen Anwesen.
Das bäuerliche Gemeinschaftswerk Wasserwaal erinnert auch an andere Unternehmungen, die nur in gegenseitiger Hilfe zustande kommen konnten, so die Almweiden, die wegen der Entstrauchung, der Erhaltung und Verwaltung nur in gemeinsamer Arbeit entstehen konnten, auf dass jeder einzelne Bauer dann seine Vorteile ziehen konnte.
Das »Wasserrecht« war unverrückbar an den Hof gebunden und konnte nicht eigenwertig verkauft werden. So sagt auch ein alter Tiroler Spruch:

Ein Bauernhof ohne Wasser ist wertlos

Bis vor wenigen Jahren waren im Vinschgau noch über 200 Waale für die Bewässerung genutzt. Allein ihre Hauptarme waren mehr als 600 Kilometer lang. Jetzt führen nur noch rund 20 Waale Wasser. Der letzte große Waalbau reicht in das Jahr 1873 zurück. Dieser Waal führt von Latsch nach Kastelbell und heißt Latschanderwaal.
Einst wurden in ganz Südtirol mehr als tausend Waale gezählt, aber mit dem Bau der ersten Beregnungsanlage in St. Magdalena bei Bozen begann 1930 das rasche Verschwinden dieser Waale und der damit verbundenen Wasserkultur. Es gibt keine Waaler mehr, und ihre einfachen, aber dienlichen Arbeitsgeräte sind nicht mehr; die Maßangaben über die zeitliche Wassernutzung werden vergessen. (Das Interesse an dieser Kultur scheint mittlerweile ein akademisches zu sein: In einer Dissertation sind mehr als 500 Begriffe aus der Welt der Waale gesammelt worden).
Um 1950 sind auch im Vinschgau die ersten Beregnungsanlagen entstanden. Sie haben Waale, alte Holzleitungen und unterirdische, mit Steinplatten ausgelegte Wegdurchlässe (die wegen ihrer Enge von Kindern gesäubert werden mussten) und kleine Zweigwaale verdrängt. Es wurden Metallrohre und Plastikanschlüsse verlegt, die wartungsarm, bruchsicher und druckstabil sind, so dass das Bewässerungswasser bis in die höhergelegenen Wiesen und entlegenen Ecken gepumpt werden kann. Durch diese Technisierung der Landwirtschaft wird der Ertrag gesteigert, und der Boden kann intensiver (besonders für Monokulturen) genutzt werden.

Im Winter zeigen sich die Bewässerungskanäle sehr grafisch in der Vinschgauer Landschaft, hier im Bild bei Agums.

Der größere Teil der Waale verfällt; von Blättern, Astreich und Erde werden die einstigen Lebensadern zugedeckt, ihren ursprünglichen Verlauf können wir oft nur noch erahnen.
Wir beklagen dies, doch wäre es andererseits vertretbar, den Bauern die Anwendung moderner Technik zu untersagen, die immerhin eine wirksamere Bodennutzung und etwas bequemere Arbeitsmethoden ermöglicht? Mit der neuen Beregnung, für deren Betrieb eine ähnliche Turnusplanung wie für die Berieselung mit Waalen gilt, brauchen die Bauern beim Bewässern nicht mehr die Nächte zu durchwachen, stundenlang im kalten Wasser zu stehen und mit geformten Blechen, Lumpen, Steinplatten das Bewässerungswasser von den Waalen in die Wiesen abzuleiten. Jetzt genügt es, einen Knopf zu drücken oder einen Schieber zu betätigen. Bei geringerem Wasserverbrauch gibt es höhere Ernteerträge, wenngleich mit dem Wasser der Beregnung auch weniger Mineralien und Schwemmstoffe in die Wiesen kommen. Und auch die Feldmäuse müssen nun chemisch bekämpft werden, während sie beim Berieseln vor dem Ertrinken flüchten mussten. Mit dem Ende der Waale verschwindet auch ein landschaftliches Cha-

Der kalte Lebensretter: einige Apfelblüten, mittels »Frostberegnung« in eine schützende Eisschicht gehüllt.

rakteristikum: überflutete Felder, die, aus der Luft betrachtet, an Reisfelder erinnern. Aber der Reiz des Besonderen hält noch an: wenn in Frostnächten des Frühjahrs die Obstanlagen beregnet werden, um die Blüten mit einer schützenden Eiskapsel zu umgeben. Es wurde nämlich festgestellt, dass die Blüten in der Eishülle vor Frosttemperaturen bis –6 Grad geschützt sind. Erst bei noch tieferen Temperaturen würden die Blüten geschädigt. Noch bevor die Sonne die Atmosphäre erwärmt, zeigen sich die Obstanlagen nach solchen Frostnächten im phantastischen Glitzer des Eiskleides – ein Anblick von ungewohnter, schnell vergänglicher Schönheit.

Mit dieser Arbeit möchte ich, ohne trübselig auf diese untergegangene Welt zu blicken, von den Waalen und ihrer Kultur das dokumentieren, was noch erhalten ist. Dieser Versuch, den Leser und Wanderer über die Waalwege zu führen, wird ihn auch dazu anregen, über die Wichtigkeit und den Wert des Wassers nachzudenken, das unsere Vorfahren überaus schätzten. Die Reste dieser Waalanlagen, errichtet von Generationen in schwerster Arbeit, sind die besten Zeugen für diese Wertschätzung.

»Auf Zuckbichl und Laggár isch der Schmalzkübl laar, auf Patsch und Mittereben wird er aa nimmer lang heb'n.«
Dieser alte Spruch beschreibt auf realistische Weise die schwierige Situation einiger Höfe am Vinschgauer Sonnenberg. Wegen akuten Wassermangels sind sie verlassen oder stehen vor der Auflassung. Damit verbunden ist auch das Schicksal von einigen Familien.

Gerade in den Feldern über den Ruinen des Hofes Laggar, am Sonnenberg zwischen Schlanders und St. Martin im Kofel gelegen, finden wir noch die spärlichen Reste eines Wasserwaales. Heute wäre es mit Plastikrohren und Pumpen kein großes Problem mehr, Wasser heranzubringen, aber damit wären noch nicht alle Probleme gelöst, um einen Bauern samt Familie auf seinem Hof in extremer Lage ausharren zu lassen.

BEWÄSSERUNGSSYSTEME IN ANDEREN REGIONEN

I vehen l'aigo e suffrisen la sé
Sie sehen das Wasser und spüren den Durst
(provenzalisches Sprichwort)

Der Vinschgau ist beileibe nicht das einzige Gebiet im Alpenbogen, in dem künstlich bewässert wird; auch in anderen Gegenden, in denen es wenig Niederschläge gibt, sind im Laufe der Jahrhunderte ähnliche Bewässerungstechniken entstanden, um das Wasser zu verteilen und in die Felder zu bringen.
Wenn wir die alpinen Täler betrachten, können wir sofort feststellen, dass es besonders in den westlichen Regionen ähnliche Wasserbauten und eine ähnliche Verteilungstechnik wie im Vinschgau gibt. Im Bereich der Brigasca – das ist die Region im Hinterland Liguriens, begrenzt von der Provence (Frankreich) und den Bergen hinter Cuneo (Piemont) – finden wir noch Reste von kilometerlangen Bewässerungsgräben. Auf ähnliche Bauwerke treffen wir auch in den Bergen Okzitaniens und im Aostatal. Der Begriff, der in dieser westalpinen Großregion für die wasserführenden Kleinkanäle gebraucht wird, heißt – mit jeweils leichten Abwandlungen – beai, bialiero, biiero, beal. Diese Wörter gehen auf die Sprachwurzel buol zurück, die vermutlich keltischen Ursprungs ist. Auf buol lässt sich auch das Wort »Waal« zurückführen. Deutlicher wird dies, wenn »Waal« in der eigenen lautlichen Ausprägung von den Einheimischen ausgesprochen wird.
Die Zweigwaale, die das Wasser vom Hauptwaal in die Wiesen führen, werden manchmal bialiretos genannt. Überraschend ist, dass in der Brigasca das teichartig aufgestaute Reservewasser ciott genannt wird. Im Vinschgau wird dazu – in gleicher Lautung – »Tschött« gesagt.
In ähnlicher Weise wird ein Erdrutsch, hervorgerufen durch zu intensive Bewässerung, in der Brigasca fuxe genannt. Im Vinschgau steht dafür »Fuchs« oder »Fux«. (Diesen Band beschließt ein Glossar, in dem Fachbegriffe aus der Bewässerungswirtschaft des Vinschgaus aufgelistet sind. Aber zuerst noch zurück in die Westalpen:)

»Nach und nach lernten die Bauern, diese Bewässerungstechnik zu verbessern und auf immer größere Flächen anzuwenden. Die erste direkte Folge waren reichere, bessere Ernten. Die zweite war die Entwicklung eines Wasserverwaltungssystems, das zur Entstehung von Städten und Kulturen wie der von Sumer führte. Die dritte Folge aber war die Rückkehr zur Wüste, denn ohne wirksame Entwässerung werden durch ständige Bewässerung Salze aus dem Boden herausgelöst, was seine Fruchtbarkeit zerstört. Im Vorderen Orient versagte der Weizen und dann die Gerste, die an sich einen höheren Salzgehalt im Boden verträgt. Die auf bewässertem Land entstandenen Staaten mussten jenseits ihrer Grenzen neues Land suchen, das noch nicht verbraucht war und jene Ernten hervorbringen konnte, die das ihre nicht mehr tragen wollte. So gab die Bewässerung, die zur ersten Gründung von Städten beigetragen hatte, auch den Anstoß zu den ersten Versuchen imperialistischer Expansion.«
(Aus: Kulturgeschichte des Essens ..., 1979)

Luftige Abschnitte der Wasserversorgung für die Felder im Kanton Wallis und in Ligurien.

Vorhergehende Seite: Den uralten Waal von Porossan bei Aosta haben einst die Römer erbaut und er dient heute noch der alten Bestimmung.

Durch den aufgeschichteten Felsen führt eine leicht sinkende horizontale Linie: Das sind die Reste eines kühnen Waales in der Valle del Roja in Frankreich.

Die kleinen Holzwehre, mit denen das Wasser von den Waalen in die Felder geleitet wird, heißen *lou squiavat* oder *lo bialur*; wenn dafür Steinplatten verwendet werden, ist von *les estanchos* die Rede. Die Holzrinne, die das Wasser vom Waal auf ein Mühlrad bringt, wird *gorjo* genannt, im Ligurischen wird dazu *trogiu* gesagt.

Wie im Vinschgau gibt es auch in den westalpinen Regionen Aufzeichnungen über das System der Wassernutzung nach dem Rotationsprinzip, über die Abstimmung von Zeit und Wassermengen für die Feldberieselung, auch über Streitfälle und Prozesse zwischen Nachbargemeinden, über den Bau von Wasserwaalen an der Wasserscheide, über die Wasserführung der Waale zwischen Mitte Juni und Mitte September. Wir können auch von einem *bael* (Waal) lesen, der bereits in einer Urkunde des Jahres 1245 genannt ist. Er führte das Wasser über zwanzig Kilometer nach Nevache, eine kleine Gemeinde bei Briançon.

Etwas weiter östlich, im Wallis, finden wir Wasserwaale, die wegen ihrer Länge und wegen ihrer kühnen Trassenführung mit jenen des Vinschgaus vergleichbar sind. Dazu ist noch zu berichten, dass in diesem wunderschönen und kontrastreichen Tal, in dem die Weinberge nur noch von Gletschern überragt werden, Waale mit *suon* oder *bisse* bezeichnet werden. Einige dieser Waale fassen ihr Wasser in unmittelbarer

Die Bilder auf diesen Seiten zeigen zwei Waale (levadas) auf der Insel Madeira, die heute noch genutzt werden. Viele dieser Waale haben zweifache Bedeutung: Sie dienen der Fruchtbarkeit der Felder und sie sind zur touristischen Attraktion geworden.

Gletschernähe und bringen es über steilaufragende Felswände, an denen die Rohre mit Ankerseilen befestigt sind, in die Tallagen. Wer die beschränkten technischen Hilfsmittel früherer Zeiten berücksichtigt, wird von wahren Wunderwerken der Wasserbautechnik sprechen.

Als in der Walliser Gegend die Pflicht zum sonntäglichen Kirchenbesuch noch streng beachtet wurde, waren die Waaler von dieser Pflicht befreit. Für sie, die täglich Kontrollgänge an den Waalen durchzuführen hatten, gab es zu Beginn des Bewässerungsjahres einen eigenen Gottesdienst. Jetzt ist der größere Teil jener Waale außer Gebrauch gesetzt, aber ein touristisch-kultureller Verein pflegt diese Relikte weiter. Zwei Dutzend dieser ehemaligen Wasserläufe sind begehbar und werden als Wanderrouten vorgeschlagen.

Auch im Veltlin kannte man das Bewässern mit Hilfe von Waalen. Dafür gibt es noch Hinweise und richtige Gebrauchsanweisungen in Rechtsvorschriften unter dem Titel »De inaquando«, die im Statut der Grafschaft Bormio und der Onorate Valli della Magnifica Terra enthalten sind, abgefasst in lateinischer Sprache im Jahre 1355!

In den Alpenregionen östlich des Vinschgaus finden wir kaum noch Wasserwaale größerer Bauart, weil es dort ergiebige Niederschläge gibt.

Ein Kuriosum kann ich aus dem Bellunesischen berichten. Dort gibt es den Begriff *candola* für einen kleinen Wasserlauf, der in Holzrinnen auf das Mühlrad geführt wird. Im Vinschgau sagt man dazu »Koundl«, im Plural »Kandl«.

Wir blicken über die Alpen hinaus und wollen einige weitere Nachrichten über die Bewässerungstechniken in anderen Erdteilen sammeln. Wir alle haben in der Schule von den regelmäßig wiederkehrenden Nilüberschwemmungen gehört, mit denen der fruchtbare Schlamm auf die angrenzenden Felder gebracht wurde. Über ein weites Kanalsystem wurde bereits damals das Flusswasser mit Schleusen und Auskehren in weiter entfernte Felder geleitet. Auch aus Dürrezonen in Oman, Iran und China wissen wir von Bewässerungsnetzen, die über viele Kilometer das Wasser verteilt haben: Die Kanäle wurden unterirdisch geführt, damit bei den hohen Temperaturen das Wasser nicht verdunsten konnte. In den trockensten Zonen Perus wird Bewässerungswasser in Waalen

Im Buch »Between the Oxus and the Indus« schreibt der englische Oberst Schomberg in den dreißiger Jahren vieles über diese Region. Darin werden auf mehreren Seiten die Bewässerungskanäle geschildert, so dass ein Vergleich mit den alpinen Bewässerungsmethoden und -techniken möglich ist. Zwei Ausschnitte aus dem Buch: »Ihre Fertigkeit, diese Bewässerungskanäle zu machen, hat sich auch in jüngster Zeit nicht verringert, wie die neue Leitung beweist, die vor noch nicht zehn Jahren bei Raminj im unteren Chapursan-Tal erbaut wurde. Dieses Kunstwerk, denn ein solches ist es, wurde in fünf Jahren erbaut und kostete acht Männern das Leben (sechs von ihnen wurden unter herabfallenden Felsen begraben).

Dieser Kanal ist über zwei Meilen (mehr als drei Kilometer) lang und zieht sich zart und gefährlich an einem Seitental hinunter. Er liegt oft 500 Yards (ca. 450 Meter) über dem Wasserstrom, aus dem er gespeist wird. Er hängt an einer senkrechten Felswand und legt entlang seines ganzen Verlaufes Zeugnis ab vom großen Einfallsreichtum und vom großen Geschick.

Zu den Bildern: Klare Linien zwischen Wüste und Grünland zeigen an, wie weit das Wasser reicht: Algerien (oben links) und Ladakh (oben)

Der Wasserlauf muß genau richtig sein, es darf keine Lecks geben, und es darf nicht die Gefahr bestehen, dass der Kanal mitten in der Bewässerungszeit brechen könnte. All dies ist bloß durch reiche Erfahrung möglich geworden. Ein tüchtiger Ingenieur könnte sehr wohl stolz sein auf das, was diese Dorfbewohner geleistet haben. Es ist möglich, am Rande des Wasserbächleins entlangzugehen, wenngleich dies stellenweise recht tückisch ist, da der Fußpfad oft schmal ist, so daß es beruhigend ist, sich am Felsen festzuklammern und den jähen Abgrund unter sich zu vergessen. Die Steinrutsche, durch die Schiefer und kleine Felsbrocken hinuntergleiten, sind geschickt in Tunnels gelegt und an ihnen muß vorsichtig vorbeigegangen werden.«

»Mehr Tee wird getrunken, da man ihn problemlos erhält. Butter wird üblicherweise im Boden vergraben, da man sagt, Butter werde mit den Jahren besser. Es ist ganz normal, sie fünf oder gar zwanzig Jahre in der Erde zu lassen. Sie wird dunkelrot und schmeckt sehr bitter, sie brennt im Hals, wird aber hochgeschätzt und zu Hochzeiten, Beerdigungen und großen Feierlichkeiten hervorgeholt.

von den Gletscherregionen über viele Kilometer zu den Feldern geleitet. In diesem Zusammenhang muss ich die Theorie eines amerikanischen Wissenschaftlers zitieren. Er ist der Auffassung, dass das Verschwinden der alten Mochica-Kultur auf die Zerstörung ihrer Bewässerungssysteme zurückzuführen ist. Die Mochica, ein altperuanisches Volk und Vorläufer der Inkas, lebten in einem Wüstenkönigreich an der Küste des Pazifik. Ihre Gesellschaft erlebte bedeutende Höhepunkte – wir brauchen nur an die Goldfunde denken, die aus dieser Kultur vorhanden sind. Plötzlich, und ohne dass eine einsichtige Erklärung möglich wäre, verließen sie die angestammten Gebiete. Ihr Wasser hatten sie sich, ähnlich wie im Vinschgau, über ein perfektes System von Kanälen aus den Gletscherregionen beschafft und es mit einem mittleren Gefälle von 0,5 bis zwei Prozent in die Täler geführt. Nach der Theorie des amerikanischen Wissenschaftlers sollen innerhalb einer relativ kurzen Zeit aufgrund von Kräften im Erdinneren (nach der Theorie der Plattentektonik sind auch die Kontinente so entstanden) die Küstenregionen Südamerikas angehoben worden sein, so dass die Wasserläufe der Mochica über weite

Strecken das natürliche Gefälle verloren hätten und so nicht mehr nutzbar gewesen wären.

Das Gebiet jedoch, das mich am meisten angesprochen hat, und für das jenes Sprichwort am Anfang dieses Kapitels zutrifft, ist die Gegend in der Mittellage am oberen Indus, im heutigen Pakistan gelegen, eine stolze Region der Dürre, als eine der klimatisch unwirtlichsten Gegenden der Welt beschrieben. In der Talsohle führt der Fluss eine imponierende Wassermasse, die für die Dörfer am höhergelegenen Ufer nicht nutzbar ist. Wegen der anhaltenden Erosion und des stets wechselnden Wasserspiegels des Indus ist die Wasserfassung auch weiter flussaufwärts nicht möglich. Um überleben zu können, zapfen die Menschen oft weit entfernte kleine Seitenbäche an, die von den Gletschern herunterstürzen. Über eine Reihe von Waalen, mit jenen des Vinschgaus vergleichbar, führen sie das Wasser in die Felder. Diese kleinen Wasserläufe sind noch aus großer Entfernung in der Landschaft auszumachen, weil sie von einem üppigen und auffälligen Vegetationsgürtel durch die Wüste begleitet werden. Wie langgezogene Oasen breiten sie sich unterhalb der Waale aus.

Sie wird auch als Medizin verwendet. Normalerweise wird sie unter einem Bewässerungskanal vergraben. In Ganesh in Hunza öffnete ich den Kanal, der unter der Hauptstraße verlief, und unter dem Wasser befand sich die Butter des Dorfes. Im Sommer wird sie so durch das Wasser, das darüber fließt, kühl und sicher aufbewahrt. Wenn der Winter kommt und der Kanal trocken ist, kann sich jeder Besitzer seine Butter herausnehmen.«
(Aus: Schomberg, Between the Oxus and the Indus, Lahore 1993)

Zu den Bildern:
Im Industal, Pakistan. Auch hier sind die Waaler bei der Arbeit.

DIE WAALWEGE

Rechte Seite: Ein Abschnitt des Tscharser Schnalswaales, der ungefähr zehn Kilometer lang ist.

Folgende Doppelseite: Wie die kapillaren Blutgefäße eines Organismus erreichen die Kanäle jeden Winkel eines Feldes.

Wie ich bereits dargestellt habe, ist der größere Teil der Waale unwiederbringlich zerstört und verloren. Jene Waale, die noch erhalten sind, haben nur mehr geringe Bedeutung für die Bewässerung, trotzdem reichen sie aus, damit wir an ihrem Beispiel das verzweigte System und die Funktionsregeln erläutern können.

Da es nicht notwendig ist, jeden Waalweg zu begehen, habe ich es vorgezogen, mehrere benachbarte Waale mit ähnlichen Merkmalen gemeinsam darzustellen. Wo dies nicht möglich war, bleibe ich bei den Einzelbeschreibungen. Dabei werde ich es nicht versäumen, auf Kunstdenkmäler oder andere Besonderheiten der Umgebung hinzuweisen. Die Waale sind nämlich Teil einer Kulturlandschaft, die im Laufe der Jahrhunderte von den Menschen geschaffen worden ist. Nur ein oberflächlicher Betrachter wird die Wechselbeziehung zwischen den Waalen und den übrigen Kulturdenkmälern übersehen, denn in Wirklichkeit bilden sie ein enges sozio-kulturelles und ökonomisches Gewebe, das dem Verfall über Jahrhunderte hinweg standgehalten hat.

Nachfolgend möchte ich nun eine Reihe von Wanderrouten vorstellen. Zuerst aber soll darauf hingewiesen sein, dass es manchmal besser ist, auf dem Wege umzukehren, wenn der Waal etwa eine Wiese durchquert, in der das Gras hoch steht, oder wenn abgerutschte Erdmassen oder Geröll den Waalweg unpassierbar gemacht haben. So können weitere Schäden und Unannehmlichkeiten vermieden werden. Es kann auch sein, dass ein Waalweg wegen Steinschlaggefahr vorübergehend gesperrt werden muss. Sollte ein Hinweisschild darauf aufmerksam machen, ist es ratsam, die Wanderung abzubrechen und sichere Wege zu beschreiten. Da diese Steige, die den Waalen entlang führen, eher schmal und nur für Fußgänger angelegt sind, können sie keinesfalls mit Mountainbikes befahren werden. Bei der Planung von Wanderungen wollen wir schließlich darauf achten, dass die Dörfer im Vinschgau und im Meraner Becken an ein gut ausgebautes Netz des öffentlichen Verkehrs mit Bus und Bahn angeschlossen sind. Vor Beginn der Wanderung studieren wir also die Fahrpläne.

Manchmal führen Waalwege weit in die Bergregionen. In diesem Falle mögen alle Regeln beachtet werden, die für Bergwanderungen wichtig sind: Die Witterung kann rasch wechseln, die eigenen Kräfte müssen richtig eingeschätzt werden, beim Gehen in alpinem Gelände ist stets Vorsicht angebracht.

Wanderungen auf den Waalwegen sollen nicht von Stress begleitet sein, sie sind kein Wettlauf, sondern eine Begegnung mit Natur und Kultur. Achten wir also auf den Reiz der Landschaft und auf die Beziehung, die die Erbauer und Benutzer dieser Waale zur natürlichen Umgebung aufgebaut haben.

Wir folgen den Wasserläufen wie ein kleines Schiff oder ein Stück Rinde, das wir ins Wasser gelegt haben, so wie wir es einst als Kinder gemacht haben.

Mals und Umgebung (Malser Haide)

Zwischen dem Reschensee und der Gegend von Mals gibt es zahlreiche Wiesenwaale, die sich ohne Begleitweg über die Malser Haide schlängeln. Wir können deshalb ohne genaue Route die Haide erwandern.

Wer von Norden her über den Reschenpass in den Vinschgau kommt, wird wenige Kilometer nach der Staatsgrenze einen Kirchturm sehen, der aus dem Wasser des Reschensees ragt. Wo heute über viele Monate das Wasser den ganzen Talboden bis zu den Flanken der Berge bedeckt, breiteten sich bis um 1950 fruchtbare Wiesen, Weiden und das Dorf Graun aus. Sie alle wurden Opfer des Fortschritts – das bedeutet in diesem Falle: der Gewinnung von elektrischer Energie. Mit dem Bau der großen Staumauer versank das ganze Dorf mit seinen Fluren in den Wasserfluten. Die Bewohner wurden, soweit sie nicht abgewandert sind, am Hang angesiedelt, aber der alte Turm ist erhalten geblieben. Er sticht wie ein Obelisk aus dem Wasser.

Unterhalb des großen Stausees liegt der kleine Natursee von St. Valentin auf der Haide, Ziel von vielen Wasservögeln und auch von Anglern. Vom unteren Teil dieses Sees können wir im Herbst, wenn die Wiesen gemäht sind, einen der Wasserwaale kennenlernen.

Die Malser Haide ist mit einer Fläche von zwölf Quadratkilometern einer der größten Schuttkegel im Alpenbogen. Einst war sie von zahllosen Kornfeldern bedeckt, heute ist der größte Teil als Mähwiese genutzt. Der größere Teil dieser Wiesen wird auf traditionelle Weise bewässert: Die Tragwaale führen das Wasser aus der Etsch oder aus der Puni (dem Bach, der aus dem Planeiltal kommt) in die Wiesen, dort fließt das Wasser in den Ilzwaalen (Zweigwaale) weiter und wird, einem genauen Turnusplan folgend, mit Blechen oder Holzwehren in die Wiesen geleitet.

In der Umgebung von Mals gab es mehr als 30 Tragwaale, einige davon sind bereits um 1390 in der Chronik des Priors Goswin vom nahen Kloster Marienberg angeführt. Sie tragen Namen unzweifelhaft rätoromanischen Ursprungs: Largin, Magrin, Latinig, Prämajur. Wir stoßen aber auch auf Waale,

Dieses Bild zeigt Abschnitte der Bewässerungskanäle auf der Malser Haide. Wasserbleche und Bretter (Holzbohlen) leiten das Wasser aus der Ilz in die Wiese.

die den Namen der umliegenden Dörfer angenommen haben: Schliniger Waal, Planeiler Waal, Malser Waal. Auch den »Kriegwaal« gibt es. Auch ihn nennt bereits die Chronik des Goswin, gab er doch Anlass zu bösen Streitigkeiten zwischen Burgeis und Mals. Eine Reihe von Prozessen war die Folge, die zwischen 1425 und 1727 geführt wurden.

▶ Vom Haider See (1400 m ü. d. M.) folgen wir einem Waal und wandern gegen Burgeis (1250 m) hinunter. Von dort steigen wir zum Kloster Marienberg auf und kehren anschließend nach Mals (1050 m) zurück. Das ist eine Wanderroute mit geringen Aufstiegen und einem Höhenunterschied von 400 Metern. Sie kann ohne Schwierigkeiten bewältigt werden.
Die Gehzeit beträgt rund drei Stunden, aber es ist leicht möglich, den Rundgang jederzeit zu unterbrechen und mit einem Linienbus an den Ausgangspunkt zurückzukehren.

Als Aussichtspunkt wählen wir vielleicht Marienberg, das stattliche Kloster am Sonnenhang, um von dort das weite Panorama betrachten zu können. An Herbstnachmittagen, wenn die Sonne etwas tiefer sinkt und das Profil des Geländes herausmodelliert, können wir die Hügel und Kurven betrachten und mit dem Blick den Wasserläufen und Ilzwaalen folgen. Wir bekommen so ein eindrucksvolles Bild von dem ausgedehnten System dieser Bewässerungsform.

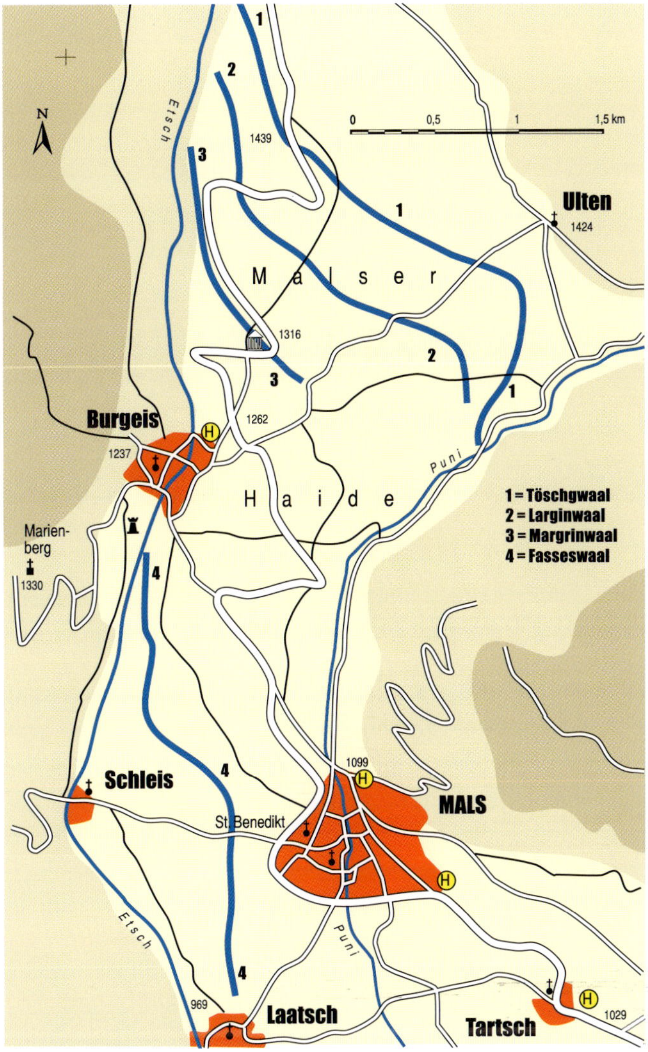

Der Töschgwaal, in einem Dokument 1367 erstmals genannt, führt parallel über dem Neuwaal durch die Malser Haide. Beide Waale haben keinen Begleitweg, die Begehung kann deshalb erst nach dem letzten Heuschnitt unternommen werden.

Der Töschgwaal ist rund vier Kilometer lang und bewässert 200 Wiesen mit einer Fläche von 175 Hektar. Diese Gründe gehören zum Großteil dem Kloster Marienberg, das über Burgeis thront. Weiter unten fließt der Kriegwaal, er wird in der Chronik des Marienberger Priors Goswin (1390) genannt.

Um diesen Waal gab es in der Zeit von 1425 bis 1727 eine Reihe von Streitigkeiten und Prozessen zwischen den Bauern von Mals und Burgeis. Daher vielleicht der Name Krieg-Waal.

»Wer der Kultur unserer Vorfahren nachspüren will, muss heute über die Grenze nach Italien ins nahe Südtirol reisen. Im Vinschgau, gleich jenseits der Grenze, umfängt einen eine idyllische Landschaft mit kleinen, von Hecken gesäumten Wiesen, mit gewundenen Gräben, in denen das Wasser noch heute sprudelt. Im Unterschied zu Graubünden wässern einige Bauern im südlichen Nachbarland nämlich noch nach alter Tradition. Vollkommen intakt ist zum Beispiel das alte Bewässerungssystem in der Malser Haide, 15 Kilometer von der Grenze entfernt.«
(Aus: Stauffer/Guggenbühl Wasser-Fall Graubünden. Chur 1989)

Die Zeit, in der wir auf die besonderen Obervinschgauer Lichtverhältnisse warten, können wir mit einem Besuch der Krypta von Marienberg ausfüllen – oder, wenn wir uns in der Nähe von Mals befinden, einen Abstecher zum romanischen St.-Benedikt-Kirchlein unternehmen. Das sind nur zwei der kunstgeschichtlichen Höhepunkte, die diese Gegend bietet.

Auch die Naturlandschaft ist einladend: Am Horizont ragt der breite Gipfel des Ortlers (3905 m) in den Himmel, und während wir über die vom ersten Herbstfrost erstarrte Malser Haide wandern, lassen wir unsere Gedanken vom Wind tragen. Er ist ein häufiger Gast im Obervinschgau – sichtbar auch dann, wenn er nicht weht: Es genügt, die Bäume am Rand der Staatsstraße zu betrachten, die nicht zufällig alle in eine Richtung gebeugt sind.

Das Benediktinerkloster Marienberg

Dieser imposante Klosterbau in 1335 Metern Höhe – das höchstgelegene Kloster im Alpenbogen – fällt aus fast allen Winkeln des oberen Vinschgaus deutlich ins Auge. Marienberg ist mit der Geschichte und der Entwicklung des Tales eng verbunden. Die Ursprünge reichen in das 12. Jahrhundert zurück, aber im Laufe der Zeit haben Umbauten und Zubauten den ursprünglich romanischen Baukörper verändert. Die Krypta wurde im Jahre 1160 geweiht, und nur 20 Jahre jünger sind die Fresken dort – Engel mit großen Augen und Flügeln, die in einen kobaltblauen Himmel hineinreichen. Sie gehören zu den großen Sehenswürdigkeiten der Gegend.
Das Kloster Marienberg wurde 1418 durch einen Brand stark beschädigt und während der Bauernkriege (1525) von plündernden Bauern arg heimgesucht. Heute leben dort nur noch wenige Mönche. Neu ist das Klostermuseum, in dem viele Schaustücke, Dokumente und Kunstwerke die fast tausendjährige Geschichte dieses einzigartigen religiösen und kulturellen Zentrums dokumentiert werden (www.marienberg.it).

Das Benediktinerkloster Marienberg über Burgeis prägt das Gesicht des Oberen Vinschgaus.

Der Töschgwaal wurde seit mehr als 30 Jahren von Adolf Paulmichl aus Burgeis gepflegt. Bis in die sechziger Jahre wurde er mit Brot bezahlt: vier Brote (Paarlen) für jedes Feld, und manchmal zwei Kilo Butter dazu. Heute bezieht der Waaler Geld für seinen Dienst.

St. Benedikt

in Mals ist ein treffliches Beispiel für die vielen gut erhaltenen romanischen Kirchenbauten im Vinschgau. In seinem Inneren sind bemerkenswerte Spuren von karolingischer Malerei erhalten geblieben. Die im 8. Jahrhundert erbaute Kirche stand lange Zeit im Eigentum des Klosters von St. Johann in Müstair (Schweiz). Die Fresken und Stuckornamente, die den Besucher heute faszinieren, wurden erst 1913 aufgedeckt. Beim Ausbruch jüngeren Mauerwerkes wurden – ein Glücksfall für die Kunstgeschichte – drei Nischen von der Art romanischer Apsiden freigelegt. Daraus blicken uns Christus mit zwei Engeln und die Heiligen Stephanus und Gregorius entgegen. Zwischen den Nischen hat der unbekannte Maler den geistlichen und den weltlichen Stifter dargestellt. Es wird angenommen, dass der Abt des Klosters (daher der Kirchenpatron St. Benedikt) und der damalige Grundherr dieser Gegend dargestellt sind. Der rechteckige Nimbus weist darauf hin, dass die beiden Stifter zu Zeiten der Ausgestaltung der Kirche noch lebten. Die Kirche kann zu den vorgegebenen Öffnungszeiten besichtigt werden. Es werden auch Führungen angeboten. Informationen erteilt das Tourismusbüro Mals (www.ferienregion-obervinschgau.it).

Leitenwaal und Bergwaal über Schluderns

Die erste Begegnung mit dem Sonnenberg – ein abwechslungsreicher Obervinschgauer Waalweg durch eine wildromantische Gegend, jedoch ohne Schwierigkeiten und Orientierungsprobleme. Mein bevorzugter Waalweg!

Der Wegverlauf bietet kaum Schwierigkeiten, der Steig ist in gutem Zustand und deutlich markiert. Es gibt mehrere Möglichkeiten, diese Rundwanderung zu beginnen, ich rate aber, bei Tartsch zu starten. Das Auto kann beim neuen Friedhof zu Füßen der Kirche St. Veit am Tartscher Bichl abgestellt werden. Auf der Straße nach Matsch gelangt man nach etwa einem Kilometer zu einem Schild, das den Weg nach Schluderns weist. Diesem folgend, überquert man die Weideböden des Sonnenberges bis zu einer kleinen Quelle. Von dort führt der Steig weiter in östlicher Richtung bis zum Leitenwaal. Wir gelangen zu einem gut ausgebauten Wasserbecken. Diese Art Wasserspeicher werden Tschött genannt, sie sammeln das Wasser als Reserve für den Fall langer Trockenheit; sie dienen eventuell auch der Brandbekämpfung. Nach wenigen Minuten erreichen wir einen Ort, der mit Schildern gut ausgewiesen ist: Ganglegg. In einer vier Jahre dauernden Grabungskampagne haben Archäologen eine für den gesamten Alpenraum bedeutende Siedlung freigelegt. Hier am Ganglegg bestand über rund zweitausend Jahre, von der Bronzezeit bis zur Römerzeit, ein wirtschaftliches und kulturelles Zentrum. Es können noch die Reste der Siedlung besichtigt werden. Schautafeln und Informationstexte geben Aufschluss über die Funde aus Metall, Ton, Tierknochen und Glas, die im Vinschger Museum in Schluderns ausgestellt sind. Dort gibt es auch eine Ausstellung über das Vinschgauer Waalsystem und seine Kultur, (www.interreg-mrd.org).
Nun führt ein leichter Aufstieg zum Waal hinauf. Mit dem Erreichen dieser Quote gelangen wir mit geringer Steigung zur Wasserfassung am Saldurbach. Vom Waal aus genießen wir die imposante Sicht auf die Churburg, die über dem Dorf Schluderns thront.
An den abschüssigen Stellen ist der Waalweg, der uns in ein herrliches Waldstück leitet, mit einem Holzzaun gesichert. Am

TIPP

Vintschger Museum Schluderns

Erleben Sie zwei große interessante Ausstellungen, der Archäologie und des Bewässerungssystems der Waale als talspezifische Besonderheit im Vinschgau.

Meraner Straße 1
39020 Schluderns
Tel. +39 0473 615590
vintschgermuseum@rolmail.net

Öffnungszeiten:
20. März–31. Oktober
Dienstag–Sonntag von 10–12 Uhr
und von 15–18 Uhr
Führungen nach Vereinbarung

»Die grundsätzliche tägliche Einteilung geschah nach »Weilen«; sinngemäß ist dies ein nach Sonnen- und Schattenzeichen bemessener Zeitabschnitt. Besonders bemerkenswert ist, und hier soll der Nichtkenner der Materie wegen Verwirrung nicht den Mut verlieren, daß die Weile im Tageslauf und von Road zu Road nicht die gleiche Zeit umfaßte. Dies wird folgendermaßen klar gemacht: Der Wassertag begann bei Tagesanbruch (Metten), [illegible] und die darauffolgenden Sonnen- und Schattenzeichen veränderten sich

Bach wird das Tal eng; das Wasser des Waales wird in ein großes Rohr gezwängt, das auf hohen Stützen steht. So wird es über den Bach geführt. Uns bleibt nichts anderes, als die wenigen Schritte zum Saldurbach hinabzusteigen und auf der anderen Seite wieder den Waal zu erreichen, der nun das Wasser mit dem Bergwaal teilen muss. Es ist selten, dass zwei Waale in einem Kanal geführt werden, da sich daraus Anlass zu Streit ergeben könnte.

Die Landschaft um den Saldurbach ist wild romantisch, nur die Waale bezeugen die menschliche Präsenz in dieser Gegend. Wir haben die Wahl, dem Leitenwaal weiter zu folgen oder über den Bergwaal nach Schluderns zu gelangen.

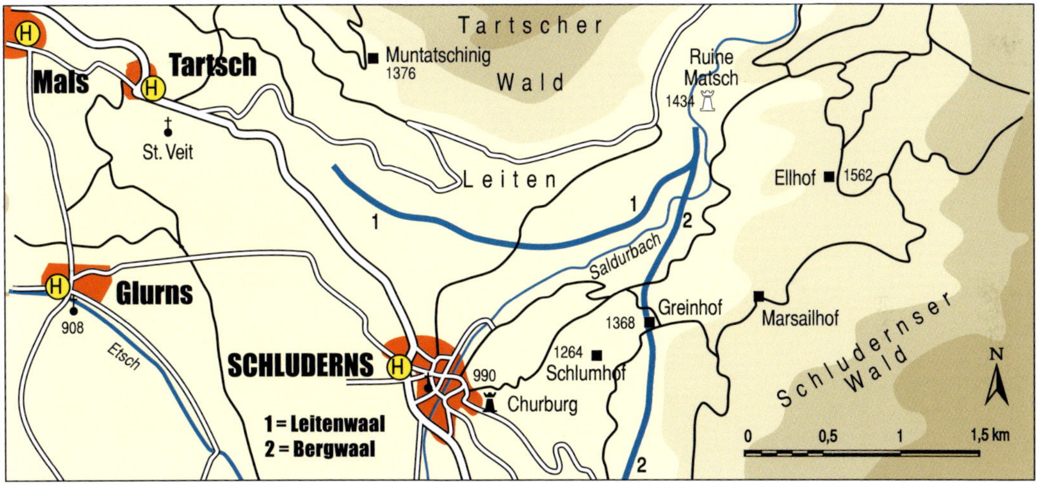

Der Bergwaal bildet mit der unberührten Naturlandschaft ein harmonisches Ensemble. Er führt durch abschüssiges Gelände, aber der begleitende Steig ist gefahrlos begehbar.
1984 wurde dieser Waal im unteren Teil zur Gänze verrohrt und unter die Erde gelegt. Daraufhin gab es heftige Proteste vonseiten der Naturfreunde und der Umweltschützer, so dass die Arbeiten zeitweise eingestellt werden mussten. Am noch erhaltenen Abschnitt des Bergwaales kann sich der Wanderer ein Bild vom Arbeitsaufwand machen, der zum Bau und zur Erhaltung eines solchen Waales früher notwendig war.

▶ Der gesamte Wegverlauf führt, von Tartsch (960 m) ausgehend, bis zur Wasserfassung am Saldurbach (1200 m) und von dort nach Schluderns (900 m). Die gesamte Wegstrecke kann auf gut ausgebauten Steigen in drei Stunden bewältigt werden. Es gibt keine Orientierungsprobleme; auch kann die Wanderung mit einem früheren Abstieg nach Schluderns unterbrochen werden. Man braucht nur den Hinweisschildern zu folgen.
Die Wanderung kann auch in Gegenrichtung unternommen oder an beliebigen Wegstrecken abgebrochen werden. Der Start ist auch vom Park hinter Schluderns aus möglich.

Hinter Schluderns führen drei weitere Waale vom Saldurbach weg in die umliegenden Felder: Den Griggwaal gibt es über-

also bis zu 1,5 Stunden; einzelne Tage wurden gänzlich nach diesen Weilen eingeteilt, und zwar 6 Tag- und 6 Nachtweilen, wobei Mittag um halb zwöf Uhr war. Andere Tage gingen teils nach diesen, teils nach Weilen, die halbtägig zeitlich gleichmäßig waren; z. B. eine Weile Vormittag war ein Sechstel der Zeit von Metten bis halb zwölf Uhr, drei Weilen die halbe Zeit usw. – an bestimmten Tagen waren die Weilen stundengeteilt; d. h. Tag und Nacht waren gleich lang und auch die Weile war jeweils ein Sechstel der Tag- bzw. Nachtzeit; Mittag war in diesem Falle 12 Stunden nach Tagesanbruch (zwischen 14.50 und 15.30 Uhr). Am Beginn der Saison beim ersten Wasser mußte gelost werden, wer innerhalb des halben Tages »zuerst geht«, in den darauffolgenden Roaden gab es dann einen geregelten Wechsel, z. B. wer in der ersten Road vorfährt, bekommt das Wasser in der nächsten Road zum Schluß des halben Tages; auch dies wahrscheinlich ein Zeichen des Ausgleiches der unterschiedlich langen Weilen.«
(Aus: Die Zeit des Umbruchs. Kortsch 1986)

Der Leitenwaal und der Bergwaal, beide über Schluderns, ermöglichen Wanderungen von insgesamt zehn Kilometern. Sie fassen das Wasser an der gleichen Stelle am Beginn einer Schlucht im Saldurbach. Ein weiter Teil des Bergwaales wurde 1984 zur Gänze verrohrt. Das führte zu Protesten von Umweltschützern und anderen Personen, so dass die Meliorierungsarbeiten vorübergehend behördlich eingestellt wurden. Der nicht verrohrte Rest des Bergwaales ist immer noch wunderschön.

haupt nicht mehr, der Quairwaal ist verrohrt. Weiter oben, am Zusammenfluss von Remsbach und Saldurbach, wird das Wasser des Gschneirer Waales abgeleitet. Er führte einst mehr als zehn Kilometer weit in die Felder. Aber auch er ist fast zur Gänze aufgelassen worden, oder das Wasser wird unterirdisch durch Metallrohre geführt.

Der Tartscher Bichl

liegt an der Mündung des Matscher Tals und gilt als bedeutender archäologischer Fundort im Vinschgau. Auf ihm steht eine romanische Kirche, die dem heiligen Veit geweiht ist. Probegrabungen von Archäologen haben bestätigt, dass auf dem Bichl einst eine ausgedehnte Siedlung bestand, die in die Eisenzeit gehört. Das Gemäuer eines rätischen Hauses wurde zur Gänze freigelegt und gesichert.

Noch immer sind auf einigen Felspartien Zeichen aus der Urzeit sichtbar, diese sind sogenannte Schalensteine.

1890 wurden am Tartscher Bichl fünf Eisenbeile ausgegraben, später fanden sich noch verschiedene Schmuckgegenstände und ein Stück Hirschhorn mit rätischer Inschrift. Die Übersetzung lautet so: »Riviselchu hat dem Lavisiel (ein Jagdgott?) dieses Hirschhorn geweiht«. Riviselchu könnte also der erste Vinschgauer sein, der in einer Schrift genannt wird. Der Tartscher Bichl war Zentrum der heidnischen Kulte, und wie wir es

häufig antreffen, ist auf den Resten eines Heidentempels eine christliche Kirche erbaut worden. Heute noch wird auf diesem Hügel (Bichl) im Frühling das »Scheibenschlagen« veranstaltet, ein Feuerritus unbekannten Ursprungs, der über das ganze Territorium des ehemaligen Rätiens verbreitet ist. In Friaul ist dieser Brauch als »Li cidulis«, im Engadin als »Schebas« bekannt. Beim »Scheibenschlagen« werden glühende Holzscheiben in die Nacht hinausgeschleudert.

Die Churburg

Dieser besondere Kunstschatz Südtirols wurde in einer reichen prähistorischen Siedlungsregion um das Jahr 1253 über dem Dorf Schluderns erbaut. Im Laufe der Jahrhunderte wurde die Burg öfters erweitert, aber auch bekämpft und belagert. Nie aber ist sie in Feindeshand gefallen. In den Sälen und Kammern der Churburg sind zahlreiche wertvolle Kunstwerke erhalten geblieben. Von unschätzbarem Wert ist die Rüstkammer mit vielen Rüstungen, Brustpanzern und mittelalterlichen Waffen in bestem Erhaltungszustand. In der reich bemalten Renaissanceloggia ist ein seltenes Beispiel eines Stammbaumes abgebildet, der die Ahnenreihen der Grafen von Matsch und Trapp zeigt. Die Churburg ist heute noch im Besitz der Grafen von Trapp; sie ist von März bis Oktober für Besucher zugänglich (www.churburg.com).

Das folgende Gebet ist aus der Schweiz überliefert, wo es im Kanton Wallis kühne Waalbauten gibt, die an Felspartien hängen. Dieses Gebet könnte auch dem Waaler des Naturnser Schnalswaales über die Lippen gekommen sein:

Die heiligen Wasser behüte uns, Gott.
Behütet sie, ihr lieben Heiligen!
Sankt Peter, nimm den
Schlüssel in die Hand.
Tu' auf dem Josephi
Blatter die Wand.
Führ' den Josephi auf dem
bösen Weg.

Schließ' seinen Fuß fest an den Steg:
Du hast den Schlüssel und
Gottes Gewalt,
Sorg', daß der Seppi
Blatter nit fallt!
Behütet sie, ihr lieben Heiligen,
Du lieber Sankt Peter und
du, Sankt Martin,
Du Sankt Jörg und du
lieber Basil
und ihr lieben Heiligen alle.

(Aus: Alois Trenkwalder,
über waale und wasser.
über wasser und waale.
Meran 1989)

Die Waale aus dem Münstertal

Die Wanderung am Rampitschenwaal führt uns zu der Erkenntnis, dass ein Stein mit einem Loch ein Mittel sein kann, Streit zu vermeiden.
Am Glurnser Mitterwaal haben wir unser erstes »extremes« Waalerlebnis: Wir gehen, bis uns der Mut verlässt ...

Im Kloster Müstair liegt eine Urkunde, in der Wasserwaale schon für das Jahr 1211 bezeugt sind. Sie werden »aual«, abgeleitet aus dem Lateinischen aquale, genannt. Das Kloster, heute auf schweizerischem Boden gelegen, hat dem ganzen Tal seinen Namen gegeben (Münstertal). Das romanische Bauwerk steht auf uraltem Boden. Bei Grabungen stieß man auf Spuren, die 5000 Jahre alt sein sollen.
Da die Wasserscheide in der Schweiz liegt, kommt auch das Wasser aus der Schweiz, mit welchem die Wiesen und Felder bis in die Talebene des Vinschgaues bewässert werden. Das kostbare Wasser wird von zwei Waalen in die Felder getragen: Der Rampitschenwaal wurde um 1550 erbaut, und der Glurnser Mitterwaal stammt aus der Zeit um 1330. Er führt teilweise durch sehr felsiges und gefährliches Gelände.

Der größere Teil der Wasserreserven, die bis in die Gegend der Stadt Glurns zur Bewässerung der Wiesen und Felder dienen, kommt aus der Schweiz. Ob es deswegen besseres Wasser ist? Auf alle Fälle ist es wertvolles Wasser, das seit undenklichen Zeiten mit Hilfe eines dichten Netzes von Wasserwaalen genützt wird. In diesem Kapitel beschreiben wir zwei Waale, die beide eigene Besonderheiten aufweisen.

Der Rampitschenwaal wurde 1550 erbaut, er ist fünf Kilometer lang. Über diesen Waal werden die Wiesen der Bauern von Taufers im Münstertal und von Laatsch bewässert.
Wegen der unterschiedlichen Interessenslage hat es zwischen den Bauern dieser beiden Dörfer häufig Streit wegen der Wassernutzung gegeben. Deswegen wurde an der Grenze zwischen den beiden Gemeinden eine Steinplatte in den Waal gesenkt. Durch ein Loch in deren Mitte kann seither die »gerechte« Wassermenge nach Laatsch abfließen. Dieser Waal ist noch in Gebrauch, und einige Tauferer Bauern bewässern in geregeltem Turnus ihre Wiesen auch in der Nacht. Der Waal führt nahe an der Kirche und dem ehemaligen Hospiz von St. Johann vorbei, deren Besuch sich ebenfalls lohnt.

▶ Der Rampitschenwaal zieht von Taufers im Münstertal zur Calvenbrücke. Die Gehzeit in einfacher Richtung beträgt knapp zwei Stunden.
Da der Rampitschenwaal quer über die Wiesen führt und keinen Begleitweg hat, kann der Lochstein nicht zu jeder Jahreszeit, sondern nur nach dem Heuschnitt besucht werden. Der Stein liegt am Ende einer Wiese, dort wo der Waal in die Nähe des Waldes kommt. Die genauere Lage des Steins kann bei jedem Bauern erfragt werden.

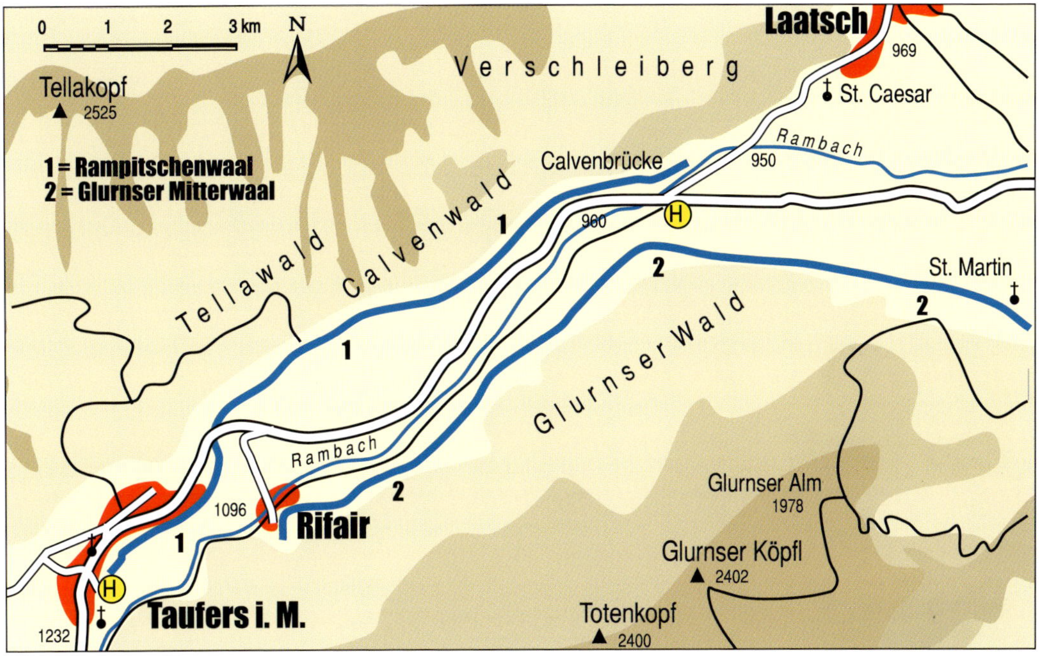

Der Glurnser Mitterwaal ist der zweite wichtige Waal, der aus dem Münstertal kommt. Das Tal trägt seinen Namen wegen des Klosters Müstair, das auf die Karolingerzeit zurückgeht und das knapp zwei Kilometer hinter der Grenze auf Schweizer Boden steht. Wenn wir schon bis nach Taufers gekommen sind, so bietet sich nun ein Besuch von Klosterkirche und Museum geradezu an.

Der Waal ist bereits in Dokumenten aus dem Jahre 1333 genannt. Über etwa sieben Kilometer führt er mit einem Höhenunterschied von nur hundert Metern teilweise durch sehr schwieriges Gelände. Über Felspartien wird das Wasser in Holzrinnen oder Metallrohren geführt, die an den Wänden mit Stahlseilen aufgehängt sind.

Leider hat in den letzten Jahren in diesem Abschnitt des Waales der Steinschlag verstärkt zugenommen, so dass die Überquerung sehr gefährlich geworden ist. Deshalb haben die zuständigen Behörden den Übergang verboten und stattdessen dafür gesorgt, dass man den gefährlichen Abschnitt auf einem neu angelegten Weg problemlos umgehen kann. Allerdings macht man somit einen Umweg von ca. 30 Minuten

Dort, wo es noch keine Beregnungsanlagen gibt, ist der Verlauf der alten Waale gut sichtbar durch Sträucher und Pflanzen, die verschiedenen Tierarten Schutz bieten.

Rechte Seite: So zeigt sich heute der anspruchsvollste Abschnitt dieses Waales.

zwischen Glurns und Taufers, da man zuerst nach oben und dann wieder steil hinab steigen muss.
Wenn wir diese schwierige Stelle betrachten, verstehen wir, welchen Wert das Wasser in dieser Gegend hat und welch mühevolle Arbeit die Bauern auf sich genommen haben, um es für ihre Felder zu erhalten. Dieser »Lokalaugenschein« vor Ort und die Einsicht in die Arbeitstechnik bei der Führung des Wassers über so schwieriges Gelände stellen alle theoretischen Erklärungen in den Schatten.
Bei der Rückkehr können wir einen prächtigen Blick über die Fluren zwischen Glurns und Laatsch werfen.

▶ Die Wanderung über dem Glurnser Mitterwaal kann in Glurns oder bei dem Kirchlein von St. Martin knapp oberhalb des Städtchens begonnen werden. Der Steig ist in gutem Zustand und bis zu einer ausgesetzten Stelle leicht begehbar. Auch über die Staatsstraße von Glurns nach Taufers können

wir den Waal erreichen. Nach rund einem halben Kilometer gelangt die Straße an den Fuß des Berges, dort gibt es ein Hinweisschild: Nach einem rund zehnminütigen, serpentinenreichen Aufstieg treffen wir auf den Waalweg.
Gegen Westen in das Münstertal wandernd, erreichen wir nach einer halben Stunde unwegsames Gelände. Dort wird das Wasser in Rohren über die Felsen geleitet. Wer die Gefährlichkeit dieser kurzen Wegstrecke betrachtet, kann auch zum Schluss kommen, hier umzukehren oder auf der neuen Wegstrecke die Felsen zu umgehen. Es gilt auch hier der Hinweis, dass es in den Bergen immer Gefahren gibt, die auch erst wegen ungünstiger Wetterbedingungen entstehen können.

TIPP

Gasthof Lamm

Die Familie Wallnöfer wirkt schon in der vierten Generation als Gastwirte zu Laatsch. So viel Tradition verpflichtet und will auch immer wieder neu belebt werden. Die Küche bietet typische Tiroler und mediterrane Köstlichkeiten und legt besonderen Wert auf gesunde Lebensmittel aus der eigenen Landwirtschaft.

Familie Wallnöfer
Laatsch 72
39024 Mals
Tel. +39 0473 831336
info@lammlaatsch.it
www.lammlaatsch.it

Die Kirche St. Johann in Taufers

Dieser eigentümliche Kirchenbau reicht in das 13. Jahrhundert zurück. In seiner langen Geschichte wurde er zwar öfters beschädigt, trotzdem bietet er dem Betrachter immer noch einige Überraschungen. Die gut erhaltenen Fresken datieren um 1220, möglicherweise haben sie die Mosaikdarstellung von San Marco in Venedig zum Vorbild. Der Künstler könnte ein lombardischer Meister gewesen sein.
Die Kirche hat auch ein Obergeschoss, eine breite Empore, die früher den Pilgern als Hospiz und Schlafstelle gedient hat. Von dort oben konnten sie bequem den Messen beiwohnen.
Auffällig ist zudem eine eingemauerte Steinschale an der Außenmauer der Kirche. Man sagte früher, dass dort die Findelkinder abgelegt worden seien, wahrscheinlicher ist aber, dass es sich um einen Votivstein handelt.
Die Besichtigung von St. Johann ist möglich. Der Schlüssel kann im benachbarten Haus abgeholt werden.

Glurns

Diese kleinste Stadt Tirols ist zur Gänze von Stadtmauern umgeben. Die erste Erwähnung reicht in das Jahr 1178 zurück, und 1321 gab es bereits die ersten Befestigungsmauern, die im Lauf der Jahrhunderte durch Feindeshand und Überschwemmungen öfters beschädigt wurden.
Glurns war im Mittelalter ein wichtiges Handelszentrum. Der Handel zwischen Tirol und der Lombardei lief über Glurns, dabei erlangte der Salzhandel besondere Bedeutung. Dazu ist interessant anzumerken, dass es in Glurns die einzigen Lauben des Vinschgaus gibt. Obwohl das Tal sehr niederschlagsarm ist, wurden diese Lauben als Wetterschutz für die Waren errichtet. Glurns besaß auch eine eigene Gewichtseinheit, das »Glurnser Pfund« (0,448246 kg), das im ganzen Vinschgau verbreitet war.
Die historische Bedeutung der Stadt wird auch von den Baumaßnahmen unterstrichen, die seit einigen Jahren durchgeführt werden. Für Glurns wurde ein Sanierungsplan erstellt, mit dem die gesamte Stadt unter Achtung ihrer mittelalterlichen Charakteristik erneuert wird. Diese Initiative zieht immer wieder Experten aus der ganzen Welt an.

Ein Ausflug auf den Nördersberg: Fischerwaal und Bergwaal über Tschengls

Zwei im Wald versteckte Waale auf der Vinschgauer Schattseite werden in Augenschein genommen. Wir erfahren, was eine Waalschelle ist und wie sie funktioniert.

Wer den Bergwaal auffinden will, sollte sich mehr auf das Ohr als auf das Auge verlassen und einem blechernen Klopfton folgen – aber alles der Reihe nach: Von Tschengls, einer Fraktion der Gemeinde Laas, können wir mit dem Auto ein Stück des Weges gegen die Berghöfe bis in die Nähe der Burgruine Tschenglsberg fahren, von der noch ein imposanter Rundturm erhalten ist.

▶ Wenn wir das Fahrzeug zwischen dem Berghof »Vorburg« und der Burgruine abstellen, brauchen wir nur wenige Schritte in den Wald aufsteigen, dann stoßen wir bald auf die Reste eines Waales. Es ist dies der Fischerwaal, ein kleiner Ableger des Bergwaales. Durch einen schattigen Wald wandern wir dem aufgelassenen Waal entlang und an abgefaulten Holzrinnen vorbei rund einen Kilometer gegen Osten, dann stoßen wir zum Bergwaal. Das ist der Tragwaal, der das Wasser vom Tschenglser Bach heranführt.
Wir folgen nun dem Bergwaal, der im Sommer immer noch eine Restwassermenge führt, und wir gehen dem bereits genannten blechernen Klopfton entgegen: Das ist die »Waal-

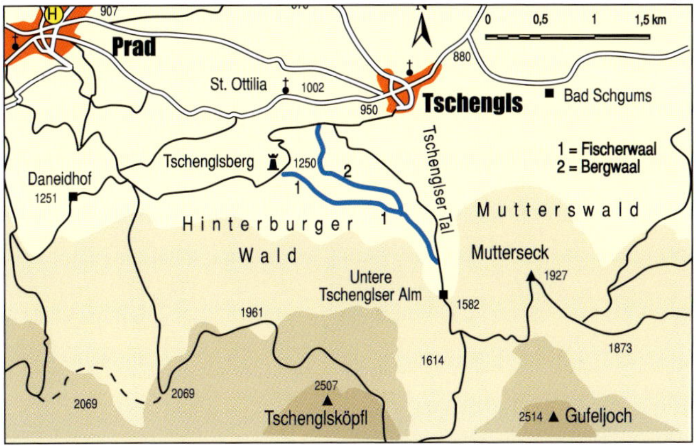

schelle«, die an einer Lärche über dem Waal befestigt ist. Ihr regelmäßiger Schlag verkündet das gleichmäßige Fließen des Wassers.
Von hier können wir über eine kurze Strecke zur Straße absteigen, über die wir mit dem Auto gekommen sind, und zum Ausgangspunkt zurückkehren. Diese Rundwanderung ist gemütlich zu begehen, sie ist eine der wenigen auf der südlichen Flanke des Vinschgaus (Nördersberg). Im schattigen Wald sind wir vor Sonnenstrahlen geschützt. Der Waal ist erhalten, weil die Fluren noch nicht so intensiv bebaut und auf alle nutzbaren Flächen ausgedehnt sind. Auf dieser dicht bewaldeten Seite des Tales ist auch mehr Wasser vorhanden als auf der kargen anderen Seite, die Sonnenberg genannt wird. Dort kann unser nunmehr schon ein wenig geschultes Auge in der Landschaft viele Bewässerungswaale erkennen, die von Baumzeilen und Heckengürteln begleitet sind. Sie ziehen sich horizontal durch die Natur.
Die Begehung dieser beiden Waalwege ist unschwierig. Es handelt sich um eine unbeschwerliche Wanderung, die vornehmlich durch den Wald am Fuß des Nördersberges verläuft und insgesamt etwa drei Stunden beansprucht.

Wenn wir auch auf der Schattenseite des Tales Waale kennenlernen wollen, müssen wir nach Tschengls fahren. Als Orientierungspunkt nehmen wir den runden Burgturm von Schloss Tschenglsberg, das über dem Dorf gelegen ist. Von hier aus können wir in einer drei Kilometer langen Rundwanderung den aufgelassenen Fischerwaal und den Bergwaal begehen. Die angenehme Route führt durch einen kühlen Wald; wir kommen am Bergwaal, der zum Teil verrohrt ist, auch an der Waalschelle vorbei. Damit wird mit einem einfachen Mechanismus der Wasserlauf überwacht. Der regelmäßige Klopfton zeigt den Bauern im Dorf an, dass im Waal das Wasser gleichmäßig fließt, keine Schäden aufgetreten sind und das Bewässerungssystem funktioniert.

Unser Ausgangspunkt, das Dorf Tschengls, bietet keine besonderen Kunstdenkmäler, dafür ist die Gegend von einer landschaftlichen Besonderheit gekennzeichnet: Vom Gipfel der Tschenglser Hochwand (3378 m) bis zur Talebene wird ein Höhenunterschied von 2500 Metern gerechnet, und das auf weniger als sechs Kilometern Luftlinie.
Auffällig und wuchtig ist der runde Turm der Ruine Tschenglsberg, immerhin 19 Meter hoch. Eine Sage erzählt von einem unterirdischen Gang, der vom Turm zu einer Silbergrube führen soll ...
Wenige hundert Meter unterhalb der Burg steht mitten in den Feldern die Kapelle von St. Ottilia, erbaut im Jahre 1681. Odilia, so der richtige Name, war eine Tochter des Grafen von Elsass. Sie lebte von 660 bis 720. Soviel bekannt ist, soll sie blind geboren und bei der Taufe sehend geworden sein. Seit dem zehnten Jahrhundert entwickelte sich daraus ein Kult, der Ottilia zur Helferin gegen Augenkrankheiten und zur Beschützerin der Heilquellen machte.

Nicht zufällig entspringen am Fuß dieses schattenspendenden Gebirgsstockes am Nordrand der Ortlergruppe mehrere Quellen, die früher im Ruf standen, heilende Wirkung zu haben: Schgums (dort gab es früher ein Heilbad), Nittwasser, Zapferbad und Stinkabrunn.

Das Bewässerungssystem am Sonnenberg über Schlanders

Bei dieser Rundwanderung am Sonnenberg lernen wir das wohl bedeutendste und dichteste der Südtiroler Waalsysteme kennen.
Vor uns liegt ein mehrstündiges Unternehmen, das uns zu einem halben Dutzend Waalen führt, fast durchwegs eine prächtige Aussicht über den Vinschgau und die Berge bietet, die ihn flankieren, das uns aber auch einiges an Trittsicherheit, Schwindelfreiheit und Ausdauer abverlangt.

In diesem Kapitel betrachten wir jenes System von Waalen, die das Wasser aus dem Schlandrauntal an die zehn verstreuten Höfe auf dem trockenen Rücken des Sonnenberges verteilen. Auf diesen Hängen wurde bis vor wenigen Jahren Getreide angebaut, heute sind weite Teile nur noch Weide.

Wir unternehmen eine Rundwanderung, die über exponierte Hänge führt. Deswegen ist sie nur jenen anzuraten, die auch in schwindelnden Höhen sicher gehen können. Außerdem führt die Wegstrecke über rund zehn Kilometer, die nur mit einer guten körperlichen Verfassung bewältigt werden können. Die Wanderung kann allerdings beliebig unterbrochen und abgekürzt werden, so dass eine frühzeitige Rückkehr zum Ausgangspunkt immer möglich ist. Schon der Ausblick auf die Gletscherwelt des Laaser Tales bietet einen verdienten Lohn für jene, die den mühevollen Aufstieg zu den Höfen des Sonnenberges auf sich genommen haben.
Der Neuwaal durchquert im ersten Abschnitt recht steile Weiden und Wiesen, aber der begleitende Steig ist breit und gut instandgehalten, so dass dem Wanderer kaum Probleme entstehen können, sofern er – dies ist die einzige, jedoch wesentliche Einschränkung – schwindelfrei ist. Unter uns liegt die Höfegruppe von Talatsch, bei der vor Jahren verschiedene Gegenstände aus der Bronzezeit aufgefunden worden sind.
Gewiss werden auch diese frühen Siedlungsgruppen bereits Wasser benötigt haben, weil schon damals die Niederschläge selten gewesen sein mussten. Es ist also anzunehmen, dass schon damals das Wasser über Waale herangeführt werden

musste, wenngleich bis heute davon keine Spuren entdeckt werden konnten.

Wir können von Schlanders oder von Kortsch aus zur Wanderung aufbrechen; um aber rascher an Höhe zu gewinnen, fahren wir mit dem Auto über die kurvenreiche Straße bis zum Hof Außereggen und parken dort in der Nähe der Grundschule (zehn Kilometer von Kortsch).

Wir wandern gegen Norden und schwenken in das enge Schlandrauntal ein. Der Neuwaal durchquert uralte Baumbestände und erreicht auf rund 1750 Metern über dem Meer den Schlandraunbach, von dem er sein Wasser bezieht. Wir wandern über die Forststraße einen Kilometer weit taleinwärts und gelangen zu einer Wildfütterungsstelle. Hier verlassen wir die Straße und steigen wenige Meter zur Fassungsstelle des Forrawaales auf.

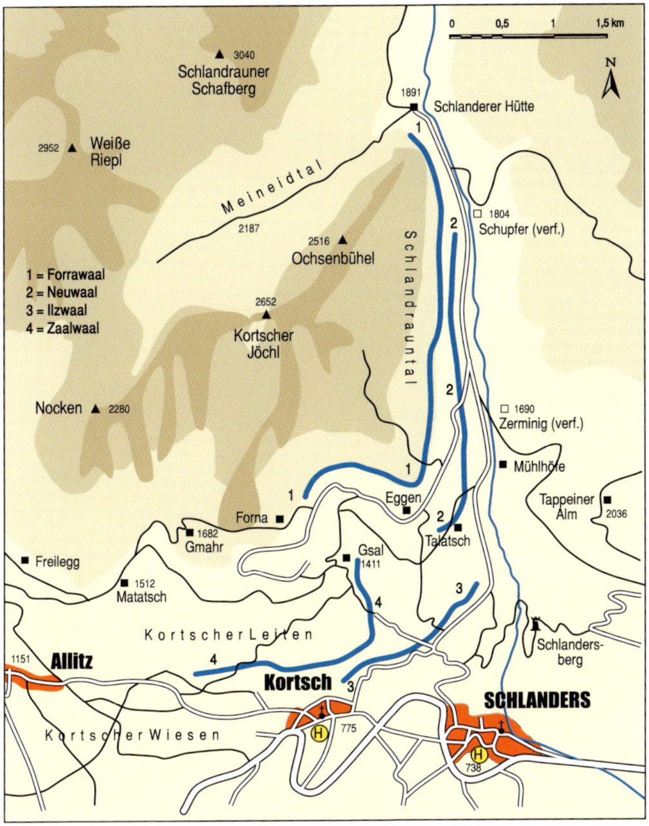

Folgende Doppelseite: Nicht selten gibt es an den Waalen kleine Sammelbecken, Tschötten genannt. Sie dienen als Wasserspeicher für Zeiten großer Trockenheit. Im Brandfällen werden sie heute auch als Löschwasserbecken genutzt.

Dieser uralte Waal verläuft, etwa hundert Meter nach oben versetzt, parallel zum Neuwaal. Er ist auf den ersten vier Kilometern noch in gutem Erhaltungszustand; die weiteren drei Kilometer allerdings sind verrohrt und unterirdisch verlegt. Auch dieser Waal durchquert streckenweise ausgesetztes Gelände. An einer dieser Stellen finden sich in einen Felsen die Namen und Initialen von Bauern eingemeißelt, die im vergangenen Jahrhundert Instandhaltungsarbeiten am Waal durchgeführt haben.

Auf unserer großteils bequemen Wanderung gelangen wir alsdann an den Punkt, wo das Wasser in die Rohre eingeführt wird. Hier kann man nach Belieben den Weg verlassen und nach einem kurzen Fußmarsch zum Ausgangspunkt zurückkehren. Der Blick auf die Berge der Ortlergruppe, die sich auf

Wenn das Wasser eines Waales durch unterirdische Passagen geführt werden muss, dann werden kleine Gitter (Rechen) vorgesetzt, damit dort das Schwemmmaterial, das in den Waal gefallen ist, gesammelt wird, denn es könnte unkontrollierte Stauungen und Wasseraustritte verursachen, die mitunter schwere Schäden anrichten. Wer mit der Kontrolle der Waale betraut ist, entfernt regelmäßig an den Rechen kleine Äste, Laubwerk und Gras, damit das Wasser ungehindert fließen kann.

Drei Bilder, aufgenommen am Neuwaal oberhalb von Schlanders.

der gegenüberliegenden Talseite auftürmen, ist immer noch beeindruckend.

Wir können nach Kortsch zurückkehren und in der Nähe des Sportplatzes aus dem Auto steigen. Wenn noch Energie und Lust vorhanden ist, kann jetzt der Zaalwaal erwandert werden, der fast waagrecht am Hang entlanggebaut ist. Zu seiner Besonderheit gehört, dass der Höhenunterschied von rund 500 Metern nicht in regelmäßigem Gefälle, sondern in mehreren Kaskaden überwunden wurde. Deswegen mussten früher zwei Waaler (Aufsichtspersonen) abgestellt werden.

Da es zwischen dem oberen und dem unteren Teil schwierig war, sich zu verständigen – ein Telefon war nicht vorhanden –, stellten sie als »Kommunikationsmittel« an einer von weitem einsehbaren Stelle eine Laterne auf.
Am unteren Teil des Waales stehen noch zwei kleine Mühlen; das erinnert uns daran, dass sich früher in dieser Gegend Kornfelder ausdehnten, wo heute Obstanlagen stehen. Die gut situierten Kortscher Bauern tauschten das Getreide im Südtiroler Unterland gegen Wein ein. Für ein Kilo Getreide gab es einen Liter Wein. Es gibt noch Leute, die sich an die tagelangen »Geschäftsreisen« mit dem Karren in das Unterland erinnern. Auf der langen Rückreise soll es immer wieder Gelegenheit gegeben haben, den eingetauschten Wein ausgiebig zu verkosten...
Außer den Mühlen gibt es am Zaalwaal noch eine Waalschelle. Auch hier wird der Hammer durch ein Wasserrad bewegt – sein regelmäßiges Klopfen zeigt den Bauern weithin vernehmbar an, dass das Wasser ungehindert fließt und es am Waal keine Schäden gibt.
Am Fuß des Sonnenbergs ist auch der Ilzwaal zu besichtigen, der sein Wasser ebenfalls aus dem Schlandraunbach ableitet. Der Weg ist gut markiert und, bis auf wenige Stellen im Oberlauf, gefahrlos begehbar. Ein Steig bringt uns vom Weg, der zum kleinen Wasserkraftwerk am Schlandraunbach führt, in einer halben Aufstiegsstunde zum Waal.
Das Schloss Schlandersberg über uns, gelangen wir in gemächlicher Wanderung zur Fassungsstelle, die über einem kleinen Wasserfall liegt. Das Tal ist sehr eng geworden, der Bach hat sich sein Bett aus den überhängenden Felsen geschliffen, und der letzte Teil des Waales musste ebenfalls aus den Felsen gehauen werden. Auf einer kleinen Brücke können wir die Schlucht überqueren und zum Schloss aufsteigen. Durch die Felder dahinter führt der Schlandersberger Waal das Wasser zu den dortigen Höfen. Vom Schloss aus können wir nach Schlanders zurückkehren.
In der Nähe des Sammelbeckens für die Beregnungsanlage stoßen wir dann auf den aufgelassenen Rappenwaal. An den Felswänden sehen wir noch die Verankerungen und Teile der Rohre, über die das Wasser gegen Vezzan geleitet wurde. Weitere hundert Meter darunter kommen wir in der Nähe

Hinter den Bauern von Laas und Kortsch liegen Jahrhunderte von Streit, Prozessen und Wasserdiebstählen. Es gab Übereinkünfte und Wortbrüche, die ganze Regale im Gerichtsarchiv gefüllt haben. Heute, 500 Jahre nach Abschluss des Sennauer Vertrages und mit dem Bau von Beregnungsanlagen ist Frieden eingekehrt. An die früheren Zeiten des Konfliktes erinnern nur noch alte Geschichten:

Dr Gaischt ban Wassr
(Der Geist am Wasser)
In früheren Zeiten gab es häufig große, große Wassernot. Da haben die Leute alles mögliche ausgedacht, um an das »Wasserwosser« (Bewässerungswasser) zu kommen. Zwei Bauern haben sich folgendes ausgedacht: Nach Einbruch der Dunkelheit ist ein Bauer am Nördersberg mit seiner Laterne hin- und hergegangen. Der andere hat auf der Wiese gelauert, bis das Licht am Berg wieder verschwunden ist. Dann hat er sich als Geist mit einem Licht und übergeworfenem Leintuch vor einem Wasserer (Bauer, der bewässert) gezeigt und diesen bis in die Seele hinein erschreckt. Der Wasserer bekam Angst, weil es nicht mehr mit rechten Dingen zugehen konnte: Zuerst war das Licht am Nördersberg und plötzlich steht es vor ihm! Der Erschreckte ist auf und davon; der »Geist« lachte hellauf, weil er nun das Wasser auf seine Wiesen leiten konnte. Dies ist so öfters passiert, bis einmal dem Spuk ein Ende bereitet wurde. Der Nachbar erzählte: »Ich habe dem Geist das Handwerk gelegt. Als ich

nämlich die Road hatte und das Wasser ankehren wollte, da sitzt ein Geist auf dem Schweller! Ich, nicht feige, nimm die Schroathaue zur Hand und schreie: »Wenn Du lebendig bist, dann renne, wenn Du tot bist, bleib liegen, sonst haue ich Dir die Schroathaue über den Schädel.« Da bekam der Geist Beine, er ließ das weiße Tuch fallen und lief Hals über Kopf davon. Seit damals ist kein Geist mehr aufgetaucht, denn jeder hatte Angst, als Geist aufzutreten, um sich unrechtmäßig das Wasser anzueignen. Dies ist eine wahre Geschichte, die sich auf den Kortscher Alitzbachwiesen zugetragen hat. (Aus: Lügen die Vinschger? Sagen, Erzählungen und Dorfgeschichten aus dem Vinschgau. Hrsg. von den Bibliotheken des Vinschgaus. Schlanders 1992. – Der Text wurde vom Kortscher Dialekt in die Hochsprache übertragen.)

einer Madonnenkapelle jüngeren Datums zur Fassungsstelle des Vezzaner Waales.

So hat also der Schlandraunbach, einer Arterie gleich, im Umkreis viele kleinere Adern versorgt, um das Leben der Umgebung aufrecht zu erhalten. Wahrscheinlich können wir hier das ausgedehnteste Bewässerungssystem beobachten, das von einem einzigen Bach versorgt wird. Dieser so segensreiche Schlandraunbach hat über Schlanders aber auch viele Muren, Überschwemmungen und mit ihnen Schäden und Zerstörung gebracht. So wurde an seinen Ufern im Jahre 1733 eine hohe Schutzmauer errichtet. Sie ist die größte ihrer Art im Vinschgau und vielleicht auch in ganz Südtirol.

Bei Aushubarbeiten für den Wohnungsbau wurden kürzlich weitere, meterhohe Schutzmauern freigelegt, die vom Geröll des ausgebrochenen Schlandraunbaches überschüttet worden waren. Und zur Spitalskirche von Schlanders muss man heute über einige Stufen hinabsteigen, weil auch sie von Schlamm und Geröll des Schlandraunbaches umgeben war.

Waalwanderungen über Schlanders und Kortsch. Eine Übersicht

Am Schlandraunbach, der aus einer engen Schlucht mit Getöse herausbricht und mehrere Waale versorgt, gibt es also eine Reihe von Wandermöglichkeiten, die in mehreren Tagen genutzt werden können. Dieses Bewässerungssystem liefert einen Eindruck vom perfekten Funktionieren der Wasserversorgung für die Felder einer weiten Zone. Fassen wir die Wandermöglichkeiten also noch einmal zusammen:

Die Natur schenkt auch gebogene Lärchenstämme, aus denen Rinnen geschnitten oder gehackt werden. Mit diesen »Holzkaandln« können kurvige Geländepassagen überwunden werden.

Mit Start am Hof Außereggen können wir ab dem Neuwaal eine Rundwanderung machen, die uns über den Forrawaal wieder zum Ausgangspunkt zurückführt. Die Gehzeit beträgt drei Stunden.

Wir können außerdem den unteren Teil des Zaalwaales begehen und dabei die rund einstündige Wanderung beim Sportplatz in Kortsch beginnen. Der Wegverlauf verlangt uns kaum Anstrengungen ab. Es ist auch der Aufstieg zum schon genannten Wasserkraftwerk möglich – man gelangt auf diesem Weg über den Ilzwaal bis zum Wasserfall des Schlandraunbaches. Von dort führt ein Steig mit noch einmal 150 Metern Höhenunterschied zum Schloss Schlandersberg. Der Abstieg führt wieder nach Schlanders zurück. Diese Wanderung kann in drei Stunden bewältigt werden.

Eine weitere Variante bietet der Ilzwaal: In der Nähe des Wasserfalles kehren wir an der Brücke um und gehen zurück bis zum Steig, der vom Elektrizitätswerk kommt, wandern dem Waal entlang in einen dichten Wald hinein und kommen in die Nähe des sehr alten Kirchleins von St. Ägidius, auf dessen Außenmauer ein großes Fresko den hl. Christophorus darstellt. Oberhalb gibt es im unwegsamen Gelände die Reste der Kapelle zum hl. Georg. Nicht weit darüber breitet sich Roßladum aus, eine archäologische Fundstätte. Es wurden die Überreste

Der ungefähr zwei Kilometer lange Ilzwaal bezieht sein Wasser über diesen Wasserfall im Schlandrauntal.

Auf der folgenden Doppelseite sehen wir einen Abschnitt des Neuwaales, der aus dem Schlandrauntal kommt, oberhalb von Talatsch am Schlanderser Sonnenberg.

eines Ringwalls und mehrere Bronzegegenstände aufgefunden. Überhaupt blickt diese Gegend auf eine bewegte Geschichte zurück und ist reich an uralten menschlichen Spuren. Und gerade auch hier wird jährlich der Feuerritus des Scheibenschlagens abgehalten: Feurige Holzscheiben werden von einem Felsvorsprung aus in die Nacht hinausgeschleudert. Dazu werden Verse von Glück und Tadel hinausgerufen ... Aber das ist eine andere Geschichte.

Schlanders und Kortsch

Schlanders und seine Fraktionen bieten eine Reihe von Sehenswürdigkeiten, für die sich ein Besuch lohnt.

Schlanders ist der Hauptort des Vinschgaus, aber bereits vor einiger Zeit hat er wegen der überaus regen Bautätigkeit die Faszination eines alten Zentrums verloren. Zu viele Altbauten mussten neuen Wohnkomplexen weichen, die wegen des großen Bauvolumens nicht mehr so recht zum Charakter des historisch gewachsenen Dorfes passen. Wahrzeichen des Dorfes ist der mehr als 90 Meter hohe Kirchturm. Er wurde um 1500 vom Deutschen Orden als eine Demonstration der Macht erbaut. Dieser Turm ist im unteren Teil als Mauerwerk aufgeführt, darauf ist ein Turmhelm in Holz aufgesetzt, der mit 47 Metern in seiner Art vielleicht der höchste der Welt ist.

Im Umkreis dieses Turmes stehen einige wertvolle Bauten, wie das Rathaus, die Schlandersburg mit der Renaissanceloggia (Sitz der öffentlichen Bibliothek) und die Spitalskirche. Ein echtes Juwel gotischer Kunst ist das Kirchlein St. Walburgis im nahen Göflan.

Kortsch ist in seinem Kern ein typisches Vinschgauer Dorf geblieben. Der große Teil der Wohnhäuser ist unter Beachtung der historischen Baustruktur saniert worden. Es ist daher sehr angenehm, durch die Dorfgassen zu spazieren. Gelungen ist auch die Erweiterung der Pfarrkirche: Am Kirchenbau wurde eine Wand abgebrochen und der Sakralraum um einen neuen Baukörper verlängert, der sich harmonisch in das Kirchenensemble einfügt.

Ich habe schon auf das einsame Kirchlein von St. Ägidius hingewiesen, das sich an den Berghang oberhalb des Dorfes schmiegt. An seiner Seite dehnt sich ein mächtiger Kastanienwald aus, einer der höchstgelegenen im Vinschgau.

Wer mir bis jetzt von Westen über die Waalwege gefolgt ist, wird bemerkt haben, dass wir bei Schlanders und Kortsch an einer Grenze angelangt sind, die den Vinschgau teilt: Das ist keine politische oder verwaltungstechnische Grenze, sondern eine klimatische Scheidelinie. Hier beginnt der Süden, ab hier wachsen und reifen der Wein und die Kastanie.

In Schlanders hat der Tourismusverband Vinschgau seinen Sitz. Dort können Informationen über das gesamte Tal eingeholt werden (www.vinschgau-suedtirol.info).

Die zwei höchstgelegenen Waale des Vinschgaus: der Goldrainer Jochwaal und der Tarscher Jochwaal

Wieder sind zwei ausgedehnte Bergwanderungen zu unternehmen. Sie führen uns hoch hinauf in die Bergwelt im Norden bzw. Süden der Talfurche des Vinschgaus. Dort oben nämlich, beinahe in der Gipfelregion der Ausläufer von Ötztaler Alpen und Ortlergruppe und jenseits der jeweiligen Wasserscheide, liegen die Wasserfassungen des Goldrainer und des Tarscher Jochwaales.

Benützt werden diese beiden Waale zwar nicht mehr, doch die durchaus imposanten Überreste der beiden Bauwerke sind als Denkmäler für eine nun wohl endgültig abgelöste Kultur nicht zu übersehen – und dies gewiss noch für lange Zeit.

Ein Stück des Weges zum Goldrainer Jochwaal können wir mit der Seilbahn zurücklegen, aber es bleibt trotzdem noch eine weite Strecke zu begehen. Die Mühen dieser Wanderung sollten nicht unterschätzt werden, auch wegen der großen Höhen, in die wir gelangen.

Der Goldrainer Jochwaal

Der Goldrainer Jochwaal gehört zu den höchstgelegenen Waalen im gesamten Alpenbogen, denn die Wasserfassung befindet sich auf 2700 Metern bei einem See, der bereits jenseits der Wasserscheide liegt, so dass die Gewässer eigentlich in das Penaudtal, einen Seitenarm des Schnalstals, abfließen. In einer Urkunde aus dem Jahre 1740 wird dieser Waal erstmals erwähnt und darauf hingewiesen, dass er schon länger besteht.

Das Recht zur Wasserentnahme hatten die Bauern von St. Martin im Kofel und von Goldrain ursprünglich von den Kartäusermönchen in Schnals erhalten. Bis 1983 wurde der Waal in der traditionellen Weise geführt, danach wurde der obere Teil über zwei Kilometer in Metallrohren verlegt. Es bleibt aber der Waalverlauf, der mit geringer Neigung durch Felswände bis zum Niederjoch führt, weiterhin gut sichtbar. Vom Joch stürzte das Wasser nahezu 2000 Meter über teilweise steiles Gelände zum Tal bis nach Goldrain. Dieses unglaubliche Bau-

werk musste im Laufe der Jahrhunderte immer wieder ausgebessert und saniert werden. Im Jahre 1951 wurden die alten Holzrinnen durch Asbestzementrohre ersetzt, aber auch sie wurden durch Steinschlag und Erdrutsche beschädigt. Selbst wenn der Aufstieg steil und mühevoll ist, will ich zu ihm raten, um dieses einmalige Werk früher landwirtschaftlicher Baukultur zu betrachten. Alljährlich um die Mitte des Monats Juni steigen die Bauern von St. Martin im Kofel zum Niederjoch auf, um zu Unser Frau nach Schnals zu gelangen. Diesen Bittgang legen sie wegen eines alten Gelöbnisses und aus Sorge um eine gute Ernte zum größten Teil betend zurück. Aber auch ohne Wasser gäbe es diese gute Ernte nicht …
Am Niederjoch öffnet sich uns ein grandioses Panorama mit Blick auf die Gletscher der Ortlergruppe, deren Schmelzwas-

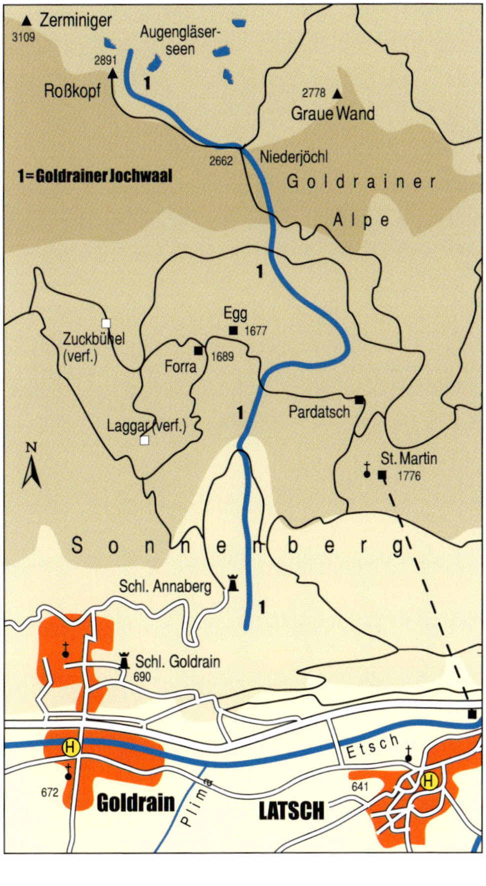

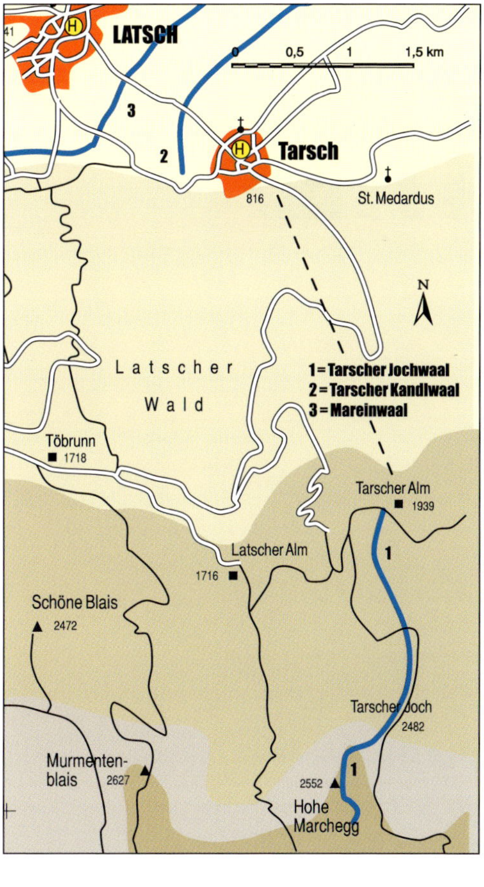

ser nie versiegt. Vor uns baut sich auf der anderen Talseite die Pyramide des Hasenöhrls auf, das Ziel unseres nächsten Ausfluges ist.

▶ Um über den Goldrainer Jochwaal wandern zu können, fahren wir mit der Seilbahn von Latsch nach St. Martin im Kofel, oder wir erreichen diesen Bergweiler (1700 m) mit dem Auto ab Kastelbell. Ab St. Martin folgen wir dem Steig mit Markierung 6/8 (dann 6) in dreistündiger Gehzeit zum Joch hinauf. Unterwegs kommen wir an einem Wasserbecken vorbei und überwinden die Waldgrenze. Die Reste des Waalrunstes sind im Gelände noch gut auszumachen. Der Goldrainer Jochwaal wurde von den Augengläserseen gespeist; dorthin können wir auch über das Schnalstal und sein Seitental, das Penaudtal, gelangen. Ausgangspunkt für den rund vierstündigen Aufstieg ist dann Karthaus. Geübte Geher können auch dem gesamten Waalverlauf folgen und dann mit öffentlichen Verkehrsmitteln wieder zum Ausgangspunkt (Latsch oder Kastelbell) zurückkehren.

Auf 2600 Metern über dem Meer, im unwirtlichen Gebirge, die feine Linienführung des Goldrainer Jochwaales, der einst das Wasser von den Augengläserseen holte.

Linke Seite: die Reste des Tarscher Jochwaales werfen schwache Schatten in den Schnee.

Der Tarscher Jochwaal

Der Wasserwaal, der kurz unter der Spitze des Hasenöhrls beginnt, der Tarscher Waal, steht jenem von Goldrain in nichts nach. Er hat seine Wasserfassung auf 2650 Metern und muss auch die Wasserscheide überwinden, die das Ultental vom Vinschgau trennt, um das Wasser nach Tarsch zu bringen. Von diesem bestaunenswerten Bauwerk sind nur noch einige Stützen für die Holzrinnen und einige Stellen mit den Geländevertiefungen des Waalrunstes geblieben, der mit Steinplatten ausgekleidet war.

Besonders in extremen Lagen ist es bequemer geworden, den Waal aufzulassen und das Wasser in Röhren zu führen.

Die Geschichte des Waales wird so erzählt: Im Jahre 1782 war ein Ultner Bauer, der eine Almweide mit vielen Wasservorkommen besaß, in wirtschaftliche Schwierigkeiten geraten. Er musste also die Alm verkaufen, konnte aber im Ultental keinen Käufer finden. So griffen die Bauern im Vinschgau zu: den ebenfalls interessierten Latschern kamen die Tarscher zuvor und schlossen schnell den Kaufvertrag ab. Das wertvolle Wasser aus dem Ultental, wo es bei weitem nicht so trocken ist wie im Vinschgau, musste nun in den Vinschgau geleitet werden, und das war kein leichtes Unternehmen. In großer Höhe und in schwierigem Gelände verursachte der Bau große Kosten, da immer wieder Steinschlag und Murbrüche das Werk beschädigten. Trotz des rechtmäßigen Kaufes ging es aber auch nicht ohne Streit mit den Ultner Bauern ab. So hatte der Waal also kein leichtes Leben; von Zeit zu Zeit ging eine Holzrinne auch in Flammen auf, und niemand weiß, ob durch Blitzschlag oder Brandstiftung ausgelöst. So wurde der Waal wieder aufgelassen. Was an Spuren geblieben ist, zeugt aber weiterhin von der Zähigkeit der Vinschger Bauern und der (fast) alles überwindenden Notwendigkeit, etwas Wasser in den trockenen Vinschgau zu bringen.

Auf dem Schuttkegel von Tarsch, der heute zur Gänze mit Obstbäumen bepflanzt ist, die mittels Beregnung bewässert werden, steht am Rande das alte Wasserheiligtum von St. Medardus. Der romanische Kirchenbau ist sehr alt; unter dem Altar entspringt eine Quelle, die schon in uralten Zeiten von den vorbeiziehenden Pilgern aufgesucht wurde.

Wir bleiben noch kurz in der Zone über dem Dorf Latsch und besuchen einen Waal, der eine Besonderheit aufweist. Dazu müssen wir bis in die Nähe der Burg Obermontani wandern,

die auf einem Felsen am Eingang des Martelltales steht. Wenn wir von hier dem Steig Nr. 5 mit der Beschilderung »Bierkeller« folgen, kommen wir bald zu einer Felswand, an der sich einige Waaler, jene uns bereits bekannten Wächter über das Wassersystem, »verewigt« haben. Der Waal ist zwar durch Rohre ersetzt, aber die Jahre der Waaler sind erhalten geblieben. Sie haben nämlich die Zeiten ihrer Dienste in den Felsen geritzt, verziert mit ihren Initialen und einer zeichnerischen Darstellung eines Waalers. Das sind stumme Zeugen einer wertvollen Arbeit, eingeritzt in das unlöschbare Buch aus Stein.

Den Tarscher Jochwaal können wir über die Tarscher Alm erreichen (1940 Meter). Dorthin führt ein Sessellift, der aber inzwischen den Betrieb eingestellt hat. Deswegen ist nun ein beträchtlicher Höhenunterschied zu bewältigen. Von der Talstation auf 1150 Metern zum Latscher Joch auf 2507 m müssen wir für die Wanderung eine Zeit von mindestens fünf Stunden

Harmonie von alter Landschaft und menschlichem Werk: eine Tschött über Kastelbell.

in Betracht ziehen. Vielleicht ist es auch ratsam, den Aufstieg über die Latscher Alm zu wählen, dort auf 1715 Metern gibt es auch einen Gastbetrieb. Von der Latscher Alm führt ein eher steiler Weg auf das Latscher Joch, wo wir die Reste des Waalrunstes und einige Steinpfeiler sehen. Dort oben kann man nach Belieben die Hochregion erwandern, indem man Spuren des alten Waales folgt. Genaue Markierungen sind nicht mehr vorhanden. Es darf aber niemals vergessen werden, dass es in diesen Höhen abrupte Wetterveränderungen, Nebeleinbrüche und Temperaturstürze geben kann. Deswegen muss man immer warme Kleidung mitführen und auf die richtige Orientierung achten.

Zum Tarscher Jochwaal als Skitour

Übrigens: Wer die Südtiroler Waalkultur kennenlernen will, ist keineswegs an eine bestimmte Jahreszeit gebunden. Dies beweist die Skitour zu den Überresten des Tarscher Jochwaales, eine einsame und ein wenig abenteuerliche Abwechslung in unseren Wandervorschlägen. Bei günstiger Schneelage und Sicherheit vor Lawinen – Informationen erteilt der Südtiroler Lawinenwarndienst – bietet diese Tour keine besonderen Schwierigkeiten.

▶ Wir sehen in Richtung Hasenöhrl, wie sich ein Wetterkreuz vom Hintergrund des Himmels abhebt. In weniger als einer Stunde haben wir es erreicht und gelangen über eine leichte Steigung auf 2517 Meter zum Tarscher Joch. Von dort ist es nicht mehr weit bis zum Hohen Marchegg auf 2551 Metern.

In der Nähe von einem der vielen Steinmännchen schnallen wir die Ski ab und wandern über den Grat abwärts zum Latscher Joch, auf dem noch die Steinpfeiler des Waales stehen – drei noch unversehrt, zwei bereits ziemlich verfallen. Das sind die Reste des Waales, auf diesen Pfeilern wurden die Holzrinnen nach Art der Aquädukte geführt. Wenn nicht sehr viel Schnee liegt, können wir im Hintergrund noch die Eintiefungen des Waalverlaufes ausmachen. Es ist aber nicht ratsam, dieser Trasse zu folgen, weil sie durch sehr steiles und lawinengefährliches Gelände führt.

Vom Hohen Marchegg können wir das Panorama der Berge von der Ortlergruppe bis zu den Dolomiten genießen, und

dann fahren wir zum Skigebiet Tarscher Alm ab, das wir in einer halben Stunde erreichen.
Die gesamte Skitour nimmt etwa fünf Stunden in Anspruch. Es sei aber noch einmal darauf hingewiesen, dass sie nur bei günstiger Witterung und sicheren Schneeverhältnissen unternommen werden kann.

Die Burgen des Mittelvinschgaus

Wer öfters durch den Mittleren Vinschgau gewandert ist, dem wird eine historische und architektonische Besonderheit aufgefallen sein: Vom Eingang des Martelltales bis zur anderen Talseite am Sonnenberg reiht sich wie Befestigungsanlagen an Grenzen eine Serie von Schlössern und Burgen, die den Einfällen von feindlichen Heeren getrotzt hätten. Es sind dies Ober- und Untermontani, Schloss Goldrain, Burg Latsch, der Burgweiler Schanzen und das erhöhte Annaberg. Der Wildbach aus dem Martelltal, die Plima, flutet in die Etsch und riegelt zudem noch das Tal ab.
Wir können einen Teil von Schloss Goldrain, das heute als Bildungshaus genutzt wird, besuchen und darin den schönen Arkadengang bewundern. In Obermontani werden derzeit Erhaltungsarbeiten durchgeführt, um das Schloss vor dem völligen Verfall zu retten; daher ist es für das Publikum nicht zugänglich. Die naheliegende Burgkapelle von St. Stephan (der Schlüssel liegt beim benachbarten Bauernhof) ist mit schönen Fresken ausgestattet, die von einer lombardischen Schule des 15. Jahrhunderts stammen.

Latsch

Der Name Latsch lässt sich vielleicht auf das lateinische Wort lacus zurückführen, was so viel wie See bedeutet, den es – wie die Sage weiß – hier tatsächlich einmal gegeben haben soll. In Latsch gibt es Kirchen mit auffälligen gotischen Portalen: Die Pfarrkirche, den beiden Apostelfürsten Petrus und Paulus geweiht, hat schöne Marmorfiguren im Gewände des Portals. Die Kirche »Unsere liebe Frau auf dem Bichl« trägt ein päpstliches Wappen; im Inneren wurde ein schön gehauener Menhir entdeckt, der an die 5000 Jahre alt ist. Die Spitalskirche ist dem Heiligen Geist geweiht. Auch sie ist mit einem beachtenswerten Portal ausgestattet. Noch wertvoller ist der

Ein unüblicher Vorschlag: mit den Skiern zum Latscher Joch und zu den Stützpfeilern des Tarscher Jochwaals.

gotische Altar. Er gehört zu den schönsten im Vinschgau und stammt aus der Werkstatt von Jörg Lederer.

Auch in Tarsch, einer Fraktion von Latsch, treffen wir auf schön gestaltete Kirchen. Wenn es der Bauer zulässt, dann können wir sogar einen Blick in die Kirche von St. Medardus werfen, wo unter dem Altar eine Quelle entspringt.

In Tarsch gibt es ein Teilstück des Raminiwaales. Er war ursprünglich rund zwei Kilometer lang und wurde bereits 1975 verrohrt und unter die Erde verlegt. Eine Strecke von 500 Metern fließt der Waal aber noch frei. Wenn wir ihn entlang gehen, können wir eine Reihe von »Wasserspielen« beobachten. Ein Wasserrad treibt kleine, geschnitzte Figuren an und lässt sie Bewegungen ausführen. Diese vom Wasser bewegten Bilder sind unterhaltsam und es lohnt sich, sie betrachtet zu haben.

Das Wasser aus dem Schnalstal

Der Tscharser Schnalswaal ist mit annähernd elf Kilometern einer der längsten in Südtirol. Er dient nach wie vor der Bewässerung. Der Waalweg ist unbeschwerlich und nicht schwierig, wenngleich an einigen Stellen wegen Steinschlaggefahr Vorsicht geboten ist.

Die Straße, die das Schnalstal mit dem Vinschgau verbindet, wurde im Jahre 1875 erbaut. Bis dahin mussten die Schnalser die schmale Felsschlucht, durch die heute die Straße führt, weiträumig umgehen oder den Weg über den Tscharser Schnalswaal benutzen.
Schon 1492, als Kolumbus gerade nach Amerika segelte, haben die Bewohner von Tschars bei Kaiser Maximilian um finanzielle Unterstützung angefragt, um diesen Waal bauen zu können, der die fruchtbaren Hänge des Vinschgaus bewässern sollte. Schon damals kamen – wenn überhaupt – behördliche Zusagen spät. So konnte erst 1505 nach Eintreffen der Genehmigungen mit dem Bau begonnen werden. Es brauchte

Die Beregnung schafft das satte Grün dieser steilen Wiesen.

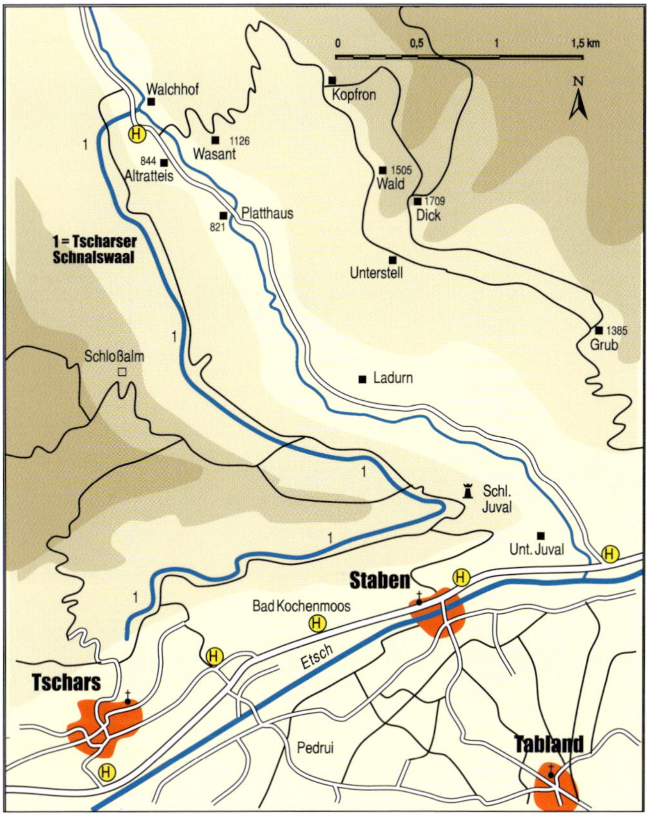

zwölf harte und arbeitsreiche Jahre, um das Wasser aus dem Schnalser Bach auf die Felder von Tschars zu bringen.

Im Jahre 1553 erreichten auch die Bauern von Galsaun die Genehmigung, am Tscharser Schnalswaal anschließen und ihn bis in ihre Felder verlängern zu dürfen. So fließt also seit einem halben Jahrtausend das Wasser über diesen Waal. Er ist mit einer Strecke von elf Kilometern einer der längsten Südtirols und des ganzen Alpenbogens. Damit werden 145 Hektar Land bewässert, das auf 94 Eigentümer aufgeteilt ist.

Während der Vegetationsperiode wird bis auf den heutigen Tag das Wasser über diesen Waal geleitet. Er wird von einem Waaler überwacht, der in seinem kleinen Häuschen unterhalb der Burg Juval wohnt. Wo es einen Waaler gibt, gibt es auch noch eine Waalschelle – der Tscharser Schnalswaal hat sogar zwei solcher Schellen, die noch in Betrieb sind.

Der Klammwaal fasst sein Wasser auf über 2500 Metern unter dem Similaun. Der Waal ist sechs Kilometer lang. In die alten Holzrinnen sind Plastikröhren verlegt worden. Damit gibt es weniger Wasserverluste und selten aufwändige Instandhaltungsarbeiten.

Etwa auf halber Strecke biegt der Waal in die felsige Schlucht des Schnalstales ein. Dort, gerade unterhalb von Schloss Juval, gibt es eine Jausenstation. Auf der gegenüberliegenden Seite türmen sich steil die Felsen auf. Durch dieses »unmögliche« Gelände wurde ebenfalls ein Waal geführt, der heute nur noch in Überresten vorhanden ist: der Naturnser Schnalswaal.

Mit einem Fernglas können wir in der senkrechten Wand die Verankerungen und Kandlreste ausmachen. Der Bau dieses Waales (1833) war eine unglaubliche Energieleistung, diktiert von der großen Trockenheit, die auf den Feldern am Naturnser Sonnenberg herrscht. Der Waal war neun Kilometer lang; schon 1909 wurde er einmal aufgelassen und später – verrohrt – wieder in Betrieb genommen. Zu seiner Erhaltung waren zwei Waaler im Dienst, für die zu Anfang der Bewässerungszeit eine Messe gelesen wurde! Diese Männer mussten nämlich mehr Bergsteiger und Kletterer als Waaler sein.

Während wir uns hier ausruhen und die Wand mit diesem unglaublichen Werk landwirtschaftlicher Kultur betrachten, können wir uns noch einmal diese Bauern und ihre schicksalhafte Verbindung mit dem kostbaren Wasser in unsere Vorstellung rufen. Sie konnten den Kampf ums Überleben nur mit großer

Am Schnalswaal arbeiten noch zwei Waalschellen.

Zähigkeit und schwerer Arbeit in einem entbehrungsreichen Dasein gewinnen, das uns heute nur schwer vorstellbar ist.
Wir fahren mit dem Autobus ins Schnalstal und beginnen unsere Wanderung bei Neuratteis. Von dort können wir auf einem schönen Steig und von einer deutlichen Markierung geleitet bis nach Tschars wandern. Es gibt an sich keine gefährlichen Stellen, nur beim Überqueren der schmalen Felsabhänge ist auf Steinschlag zu achten.
Wir durchqueren zuerst Weideflächen. Dann führt der Waalweg in ein Waldstück, und plötzlich verschwindet der Waal im Fels, aus dem er nach wenigen hundert Metern wieder an die Seite des Steiges zurückkehrt. Unter dem Schloss Juval, das der Bergsteiger, Abenteurer und Schriftsteller Reinhold Messner besitzt, erreichen wir die Jausenstation, die ebenfalls zum Schloss gehört. Bald danach zieht uns schon der Klang der Waalschelle an, und wir gelangen rasch zur Waalerhütte. Jetzt hat der Waal auf die Hänge des Vinschgauer Sonnenberges eingeschwenkt, für die eine karge Steppenvegetation typisch ist. Da kommt uns auch der kleine Mischwald gelegen, der in der Sommerhitze etwas Schatten spendet.
In der Nähe des Mairhofes hören wir dann die zweite Waalschelle. Sie verkündet mit dem regelmäßig eintönigen Glockenschlag dem Bauern, dass das Wasser ungehindert fließt.
Es bietet sich an, von hier zur schönen Kirche von Tschars abzusteigen oder bis Galsaun weiterzuwandern. Der gesamte Weg erfordert drei Stunden Gehzeit, dabei müssen wir einen Höhenunterschied von rund 200 Metern überwinden.

Wir können von Tschars aus aber auch zu einer Rundwanderung aufbrechen, die rund zwei Stunden in Anspruch nimmt. Wir stellen das Auto auf dem Parkplatz am Eingang des Dorfes ab. Dort finden wir eine Informationstafel, auf der auch die Geschichte der Waale dargestellt ist. Wir folgen der Beschilderung nach Schloss Juval, durchqueren das Dorf und erreichen nach einem kurzen, aber steilen Anstieg den Waal. Der Steig geht ziemlich flach dahin, wir gehen gegen die Fließrichtung des Wassers und erreichen bald die Waalschelle. Das Hammerwerk wird von einem Wasserrad angetrieben, es schlägt auf eine Metallglocke; ihr regelmäßiger Ton bezeugt den ungehinderten Wasserfluss im Waal. Der Steig führt in einen lockeren Mischwald, in dem auf kleinen Metalltafeln der reichhaltige Baumbestand dokumentiert wird. Nach einer Stunde erreichen wir den Sonnenhof mit Gastbetrieb. Hier können wir entscheiden, ob wir weitere 15 Minuten zum Schloss Juval aufsteigen oder ob wir absteigen und den Hinweisschildern zum Stabner Waalweg folgen. Wir erreichen den Stabner Waal nach zehn Minuten und schwenken nach rechts, folgen den Serpentinen durch die typische Steppenlandschaft, wir durchqueren Weinberge und Mischwald und gelangen zum Hotel Himmelreich. Von dort führt uns eine Asphaltstraße über eine kurze Strecke zum Parkplatz, wo wir unsere Wanderung begonnen hatten.

St. Prokulus in Naturns

St. Prokulus gehört zu den ältesten Kulturdenkmälern Südtirols. Das Kirchlein liegt außerhalb von Naturns in der Nähe des Friedhofes. Der kleine Einzelbau, eine der vielen romanischen Kirchen im Vinschgau, steht recht unauffällig in der Landschaft. In seinem Inneren aber finden sich Malereien aus dem neunten Jahrhundert, aus karolingischer Zeit, die ihresgleichen im Lande suchen.

Vor kurzem wurden bei Restaurierungsarbeiten und archäologischen Grabungen zahlreiche Gräber und Gegenstände gefunden, die auf das frühe Mittelalter zurückgehen. Es ist bekannt, dass die Via Claudia Augusta, die die Poebene mit dem nördlichen Voralpenraum verband, durch den Vinschgau führte. Vielleicht waren einige dieser romanischen Kirchen Stützpunkte oder Straßenstationen auf dieser Route.

TIPP

Hotel Restaurant Himmelreich

Himmlische Einkehr im Hotel Restaurant Himmelreich direkt am Waalweg. Hier genießen Sie die Vielfalt aus Küche und Keller, Verkostungen von Vinschger Qualitätsweinen.

Fam. Rungg
Klostergasse 15
39020 Kastelbell/Tschars
Tel. +39 0473 624109
info@himmelreich.it
www.himmelreich.it

Geöffnet von März bis November, kein Ruhetag

Nicht weit von St. Prokulus gibt es ein Museum, in dem Geschichte und Urgeschichte dieses Ortes erzählt wird (www.prokulus.org).

Das Kartäuserkloster in Schnals

Die Kartause von Schnals, die einzige in Südtirol, wurde 1326 gegründet. Während der Bauernaufstände des Jahres 1525 wurde das Kloster von Karthaus gestürmt und ausgeraubt. Aber die Kartäuser holten sich ihre Macht bald zurück und ließen sich Höfe und Fluren schenken, darunter auch den Gojenhof in Marling, von dem sie den Messwein bezogen. Dieser Hof regte die Mönche 1737 zum Bau des Marlinger Waales an (vgl. Seite 106 f.).

Im Jahre 1782 wurde das Kloster aufgehoben. Anstelle der Mönche zogen Bauernfamilien in die kleinen Häuser ein, bis 1924 ein Brand einen Teil der ehemaligen Klosteranlage zerstörte. Ein Abschnitt des Kreuzganges ist für Besucher zugänglich; hier werden in den Sommermonaten auch Kunstausstellungen gezeigt. Das Gebäudeensemble ist von seltener Harmonie, so dass sich ein Besuch in Karthaus immer lohnt.

Wenn das Wasser in Röhren geführt wird, entsteht mehr Druck, das ist günstig für die Beregnung. Deswegen werden die talnahen Waale immer häufiger verrohrt. Dafür bleibt den Waalen in den höheren Lagen noch eine Frist der Naturbelassenheit.

Noch zwei Waalwege, bevor wir den Vinschgau verlassen

In diesem Kapitel geht es um zwei recht kurze Waale an der Schwelle zum Meraner Becken. Eine Wanderung am Rablander Waal und am Partschinser Waal ist gerade einmal ein Halbtagesunternehmen, verrät aber im Kleinen bereits alles über die Waalkultur.

Wir sind nun fast am Talende des Vinschgaus angelangt. Im Talbecken von Meran treffen wir zwar nicht mehr die extreme Trockenheit wie im Vinschgau an, doch fallen auch hier die Niederschläge nicht gerade reichlich. So wurden im Lauf der Jahrhunderte im Meraner Raum ebenfalls mehrere Waale gebaut, darunter einige von beträchtlicher Länge. Allerdings finden wir hier nicht dieses enge Netz von Waalen, das den Vinschgau kennzeichet.

Es gibt Tage, an denen Wanderer nicht in Geherlaune sind, sie wollen sitzen und schauen oder sich einmal weniger bewegen – für diese Situationen bietet Partschins einen schönen Waalweg: Der Rablander Waal ist ein Miniwaal, der weder Steigungen noch Gefälle aufweist. Er kann mit dem Auto oder mit öffentlichen Verkehrsmitteln erreicht werden und nimmt den Wanderer nur rund eine Stunde in Anspruch.

Auch diese kleine Wegstrecke kann uns eine Idee vermitteln, was ein Waal ist und was er für das Arbeiten der Bauern bedeutet. Ich habe ihn an einem Tag begangen, als ich einmal wenig Lust auf Bewegung verspürt hatte, aber mit dem Gehen ist mir auch die Freude gekommen – auch weil ich Arbeiter beobachten konnte, die jene Stellen des Waales repariert haben, an denen Wasser verloren ging. So beschloss ich, meine Wanderung am Wasser fortzusetzen. Ich stieg ins Auto und bin nach Partschins und in Richtung des dortigen Wasserfalls gefahren, bis ich die Hinweisschilder zum Partschinser Waal entdecken konnte. So habe ich noch weitere zwei vergnügliche Wanderstunden erlebt, die mich in einen kühlen Wald mit gelegentlichen schönen Ausblicken auf Partschins und das Talbecken von Meran geführt haben.

Der Partschinser Waal wurde im Jahre 1550 von den Herren der Stachelburg, die heute das Dorfbild von Partschins beherrscht, erbaut. Seit einem halben Jahrtausend liefert dieser Waal das Wasser für die Berieselung der darunterliegenden Wiesen.

Auch dieser kurze Waal hatte bis vor wenigen Jahren seine Waalschelle. Dieses Warnsystem nützt das gleichmäßige Fließen des Wassers aus: Blieb der regelmäßige Klopfton aus, konnten die Bauern davon ausgehen, dass der Fluss des Wassers mit großer Wahrscheinlichkeit unterbrochen war. Dies konnte durch ein plötzliches Hindernis im Waal hervorgerufen worden sein. Das Wasser flutete dann über den Rand des Waales hinaus und ging verloren. Außerdem ist es öfters vorgekommen, dass ein Nachbar das Wasser gestohlen hatte, wenn ihm die zugewiesene Bewässerungsdauer nicht ausgereicht hatte. Er leitete dann kurzerhand das Wasser auf unrechtmäßige Weise in seine Felder ab – ein Diebstahl wie jeder andere auch ...

▶ Das also sind die zwei kurzen Wanderstrecken. Der Rablanderwaal ist etwas mehr als einen Kilometer lang. Wir können mit dem Auto bis zur Talstation der Seilbahn fahren, die zum

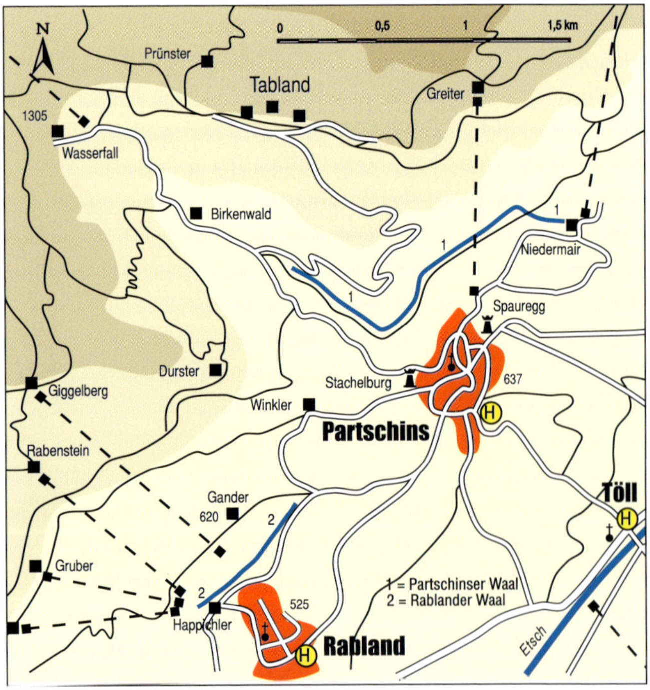

Hof Giggelberg führt. Dort kommen wir zu einem Speicherbecken für die Beregnung. Der flache, unbeschwerliche Steig führt in rund zwanzig Minuten bis zum Bauernhof Happichler,. Die Wasserfassung des Partschinser Waales liegt an der orographisch linken Seite des Zielbaches auf 800 Metern über dem Meer. Unmittelbar darüber stürzt der Partschinser Wasserfall fast im freien Fall die Felsen hinunter. Er gehört zu den schönsten in Südtirol. Der Steig ist deutlich markiert und ohne Gefahr zu begehen. Im Sommer schützt ein dichter Wald vor der Hitze. Die Wanderung bis zu den Ausläufern des Waales dauert eine Stunde.

Auf der Wegstrecke gibt es Hinweistafeln auf prähistorische Funde, die in dieser Gegend getätigt worden sind. Wir können nun zum Ausgangspunkt zurückkehren oder dem Hinweisschild zum Gasthaus Niedermair folgen, um dann die Route 7A einzuschlagen, die nach Partschins zurückführt. Vom Dorf benötigen wir noch einmal rund zwanzig Minuten, um zum Ausgangspunkt aufzusteigen, wo wir das Auto abgestellt haben.

Die üppige Vegetation entlang der Waale haben wir dem offen fließenden Wasser zu verdanken. Wenn solche Waale von Röhren abgelöst werden, dann gibt es kein Sickerwasser mehr und mit der Artenvielfalt der Pflanzen ist es vorbei.

Die Waale in der Umgebung von Meran

Der Talkessel von Meran ist von vielen Waalen umrahmt, die zu den ältesten in Südtirol zählen. Der Marlinger Waal wurde von den Kartäusern von Allerengelberg gebaut, die in Marling Besitzungen erworben hatten. Sie erzeugten dort Wein, und die Waaler wurden, im Unterschied zum Vinschgau, mit Krügen Wein entlohnt. Heute gehört der Marlinger Waal den 296 Bauern, die mehr als 300 Hektar Boden bearbeiten. Den Dienst am Waal versehen drei Waaler. Im Vinschgau gibt es mehr als 30 Beregnungswarte; Kleinbauern verdienen sich damit ein Zubrot. Sie werden zum Teil von der Autonomen Provinz Südtirol und zum Teil von den Bauern bezahlt.

Wir befinden uns nun endgültig in der Gegend des Weines. Das Talbecken von Meran kennzeichnet nicht mehr die Kargheit, wie wir sie etwa am Vinschgauer Sonnenberg angetroffen haben. Dennoch finden wir auch hier einige große Waale, so den mit zwölf Kilometern längsten Südtirols, den Marlinger Waal. Die Waalwege des Burggrafenamtes sind vielbesuchte Ziele der Spaziergänger, zumeist führen sie recht eben nahe der Siedlungen in Talnähe am Fuß der Berge entlang, reichlich ausgestattet mit Jausenstationen. Beschauliche Waalwanderungen warten hier also auf den Wanderer, der die vom Vinschgau her gewohnte Einsamkeit indes ein wenig vermissen mag.

Wie ich bereits dargestellt habe, gibt es im Vinschgau ein dichtes Netz von Waalen und Waalwegen, die ein weites System von Bewässerungsanlagen durch die Landschaft gezogen haben. Auch in der Umgebung von Meran gibt es Waale, die in ihrer Bauweise und ihrem Alter denen im Vinschgau kaum nachstehen. Die wenigen Waale, die heute noch Wasser führen, dienen allerdings mehr der Touristenattraktion als dem landwirtschaftlichen Nutzen. Sie führen durch weite Obstanlagen und sind während der Ferienzeit von Spaziergängern sehr stark besucht. Aber in den ruhigeren Tagen des Jahres bieten sie Gelegenheit zu stiller Wanderung und auch zum Sinnieren, wie wichtig diese großen Gemeinschaftswerke für die Sicherung der bäuerlichen Existenz waren.

Die Waalwege, die wir in diesem Kapitel als Wandervorschläge anbieten, liegen alle in der Nähe der öffentlichen Verkehrslinien. Das bietet zwei Vorteile: Wenn wir uns der Autobusse bedienen, so tragen wir weniger zur Verpestung unserer Luft bei, die gerade im Meraner Becken immer wieder zur Sorge Anlass gibt. Zum anderen sind wir beim Rückweg nicht an eine bestimmte Route gebunden, um das eigene Auto zu erreichen. Es können längere Wanderungen geplant und durchgeführt werden, ein Abweichen von der Route ist jederzeit möglich, um vielleicht das eine oder andere der zahlreichen Kulturdenkmäler zu besuchen. Stets und überall ist dabei die Gewähr gegeben, mit dem Autobus nach Meran zurückkehren zu können.

In Meran (bis 1420 war es die Hauptstadt Tirols) und seiner Umgebung gibt es viele Burgen, Kirchen und Museen, für die ein eigener Führer verfasst worden ist. Und auch die Gastronomie des Burggrafenamtes (so bezeichnet man die nähere Umgebung von Meran und das Etschtal bis in die Gegend vor Bozen) bietet viele Köstlichkeiten aus Küche und Weinkeller, deswegen wird mancher Wandertag in einem Restaurant beendet. Für die Rückkehr in das Hotel steht immer ein Taxi zur Verfügung.

Der Marlinger Waal

Die Kartäusermönche von Allerengelberg in Schnals konnten im Laufe der Jahrhunderte ihre wirtschaftliche Macht so weit ausdehnen, dass sie fast zwei Drittel der Schnalser Höfe und Almen in ihren Besitz brachten. Im 18. Jahrhundert erwarb das Kloster (gegründet 1324) auch einen Hof in Marling. Um diesen gewinnbringend bewirtschaften zu können, dachten die Mönche auch daran, Waale für die Bewässerung der Gründe zu bauen. So begannen sie 1737, von der Etsch bei der Töll einen Waal über zehn Kilometer bis nach Marling zu führen. Der Bau nahm fast 20 Jahre in Anspruch und verlangte die Mitarbeit der anliegenden Bauern, die die Vorteile dieses Waales für die wirtschaftliche Entwicklung bald erkannten. Die anfängliche Kostenberechnung belief sich auf 12 000 Gulden, schließlich kam der Waal die Mönche teuer zu

TIPP

Kellerei Meran Burggräfler

Gampenstraße 64
39020 Marling
Tel. 0473 447137
info@burggraefler.it
www.burggraefler.it

Öffnungszeiten:
Montag–Freitag von 8–12.30 Uhr und von 14.30–18.30 Uhr,
Samstag von 8–12 Uhr

Die meisten Waale und Waalwege um Meran führen durch üppige Obst- und Weingärten.

stehen: die Endabrechnung wies die saftige Summe von fast 100 000 Gulden aus.
Heute, nach fast 250 Jahren, bringt der Waal immer noch Wasser nach Marling. Wenn er auch an einigen Stellen verrohrt und ausgebaut ist, gehört sein Begleitweg zu den beliebtesten Wanderwegen im Meraner Raum.

▶ Der Waalweg beginnt an der Talenge der Töll und endet bei Lana, er hat eine Länge von rund zwölf Kilometern und bietet den Vorteil, dass die Wanderung an mehreren Stellen unterbrochen werden kann. An allen Punkten sind Bushaltestellen in der Nähe. Die Route ist gut markiert und kann ganzjährig begangen werden. Sonniger ist allerdings der Algunder Waal, der auf der anderen Talseite liegt. Er ist das Ziel unserer nächsten Wanderung.

Der Algunder Waal

In der Umgebung von Meran winden sich Dutzende von Wanderwegen durch die Landschaft, die alle Wünsche von gemächlichen Spaziergängern oder energiegeladenen Sportlern erfüllen können. Zu den anspruchsvollen Routen zählt der Meraner Höhenweg: In mehreren Etappen kann in fünf Tagen der Gebirgsstock der Texelgruppe umrundet werden. Wer nicht so hoch hinaus will, kann es mit dem Algunder Waalweg probieren, der sechs Kilometer lang ist.

TIPP

Kellerei Meran Burggräfler

Detailverkauf Kellerei Algund
Lauben 218
39012 Meran
Tel. 0473 237147
info@burggraefler.it
www.burggraefler.it

Öffnungszeiten:
Montag–Freitag von 8.30–12.30 Uhr
und von 15–19 Uhr,
Samstag von 8.30–12.30 Uhr

▶ Der Waal hat seine Wasserfassung an der Töll, gerade auf der dem Marlinger Waal gegenüber liegenden Seite. Der Weg ist gut beschildert und bietet für Wanderer keinerlei Schwierigkeiten. Man kommt an mehreren Rastplätzen oder Gasthäusern vorbei, und die Wanderung kann an mehreren Punkten unterbrochen werden, denn öffentliche Verkehrsmittel sind bald erreicht.

Der Algunder Waal wird zum ersten Mal 1333 erwähnt. In diesem Dokument wird das Recht auf Wasserentnahme durch die Plarser Bauern festgeschrieben, die auch den ersten Teil des Waales erbaut hatten. Die Ursprünge des Waales sind jedoch

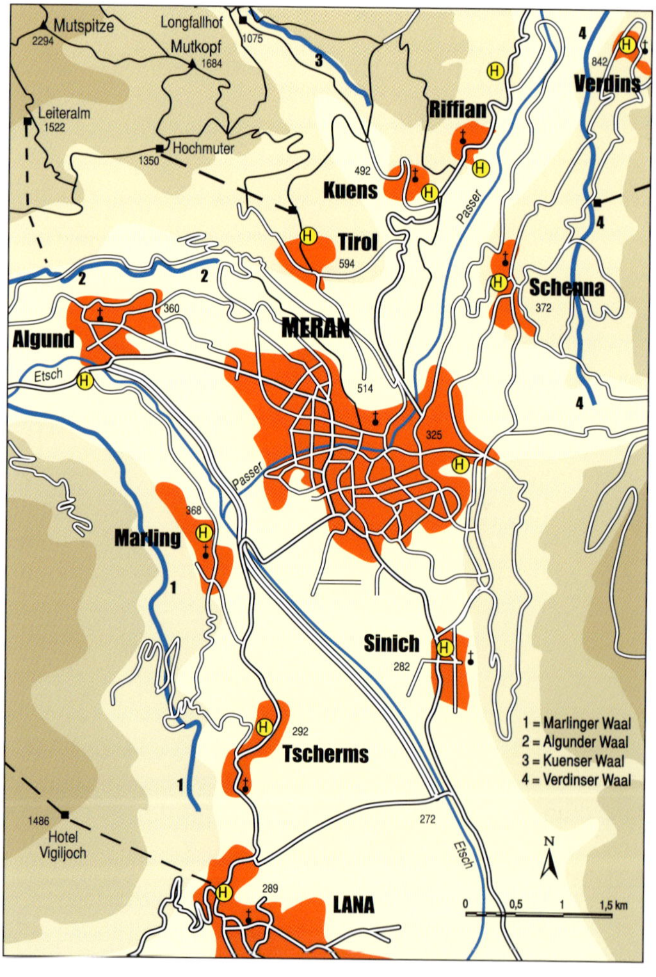

Die sieben Spronser Seen liegen zwischen 2150 und 2550 Metern Höhe. Sie sind wertvolle Wasserspeicher für die Waale von Riffian und Kuens (den das nebenstehende Bild zeigt). Einst gab es dort sieben Waale mit insgesamt mehr als 12 Kilometern Länge. Heute endet das Wasser in den Beregnungsleitungen, und in trockenen Sommern wird der Wasserspiegel der Seen um drei Meter abgesenkt. Der Kuenser Waal ist noch in Betrieb, er fasst das Wasser am Finelebach.

In einer Urkunde aus dem Jahre 1386 wird die Genehmigung zum Bau des Waales festgehalten: »ober ihren alten waal der von Gottes gewalt durch wildbäche und muren verschüttet ist. dafür müssen sie alljährlich am tage der geburt des herrn eine kerze von einen pfund wachs zuliefern.« (Der alte Waal ist durch die Gewalt Gottes zerstört worden, durch Wildbäche und Murbrüche. Als Entgelt für den neuen Waal muss jedes Jahr zu Weihnachten eine Wachskerze von einem Pfund gestiftet werden.)

Die Waalwege sind an exponierten Stellen mit Holzzäunen gesichert.

sicher älter. Dem Waal hatten sich dann später auch Algunder Bauern angeschlossen, damit sie das Bewässerungswasser auch in ihre Felder bringen konnten. Diesem Beispiel folgten dann 1734 auch die Bauern von Gratsch, die den Waal dann noch einmal verlängerten. So ist dieser Waal also in mehreren Baulosen erbaut worden. Die Realisierung hat sich über mehrere Jahrhunderte hingezogen, und noch heute ist er in altbewährter Weise in Betrieb. Nur über kurze Strecken ist die Rinne in Zement ausgegossen oder verrohrt. So durchqueren wir an diesem Waal Obstwiesen und Weingärten. Unser Auge schweift über das Talbecken von Meran und erfasst auch Schloss Tirol und das uralte Kirchlein St. Peter ober Gratsch. Beide Kunstdenkmäler sind einen Besuch wert.

▶ Die Wanderung kann in Plars begonnen werden und führt bis nach Gratsch. Beide Ortschaften sind an das öffentliche Verkehrsnetz angeschlossen.

Folgende Doppelseite: Der etwa sechs Kilometer lange Algunder Waal verläuft meist unter schattigen Weinbergen.

Der Kuenser Waal

Wir haben schon festgestellt, dass die Bauern kleine Staubecken (Tschött genannt) gebaut haben, um in Trockenzeiten daraus Wasser zu beziehen. Für den Kuenser Waal hat die Natur gesorgt: Die Spronser Seen liegen über 2000 Meter hoch im Spronser Tal. Auf dieser Hochfläche wurden Tonscherben und Einritzungen in Felsen gefunden, die auf die frühe Existenz von Menschen hinweisen. Im Frühjahr werden die Seen vom Schmelzwasser reichlich gespeist. Sie lassen das Wasser in reichem Schwall in den Finelebach ab. Von ihm zweigten viele Waale ab; die meisten davon sind heute durch unterirdische Rohrleitungen ersetzt. Nur der Kuenser Waal, der in das Jahr 1386 zurückreicht, ist noch in Betrieb. Der Waalweg ist kurz, die Gesamtstrecke ist keine fünf Kilometer lang, so dass sie auch an einem Nachmittag bequem begangen werden kann. Dieser Waalweg führt durch eine idyllische Landschaft, die noch relativ unberührt ist, und das in unmittelbarer Nähe zur Stadt Meran. Vielleicht kann ein Tag ausgewählt werden, an dem über dem Meraner Talbecken eine drückende Schwüle liegt.

Ich bin an einem milden Frühlingstag über den Kuenser Waal gegangen. Das Wasser rinnt langsam, ich war allein, nur an zwei Wildhasen kam ich vorbei, die mich neugierig bestaunten. Am Ende der Hinwanderung kam ich zur Wasserfassung am Finelebach. Der Gletscherschliff und das Wasser haben eine tiefe Wanne aus dem Fels gegraben, die mit Wasser gefüllt ist. Ich wäre gar nicht erstaunt gewesen, wenn diesem einsamen Naturbecken eine Nymphe entstiegen wäre ...

▶ Mit dem Linienbus können wir von Meran in Richtung Passeiertal bis nach Kuens fahren. Dort folgen wir der Beschilderung zum Restaurant Ungericht, dann wandern wir dem Mutlechnerhof entgegen. In weniger als 30 Minuten stoßen wir auf eine Hinweistafel aus Holz, auf der das Datum des Waalbaues und die Länge des Waales angegeben sind. Der Weg führt über leicht gewellte Kuppen bis zur Wasserfassung am Finelebach. Wer möchte, könnte dann über eine Forststraße bis zum Schloss Tirol weiterwandern.

Der Verdinser Waal oder Schenner Waal

Mit dem Verdinser Waal beschließen wir die Vorstellung der Waalwege in der unmittelbaren Umgebung der Kurstadt

Meran. Ursprünglich war dieser Waal acht Kilometer lang, geblieben sind noch zwei Kilometer, der Rest ist verrohrt und wird unterirdisch geführt. Auch der verbliebene Teil des Waales ist in einigen Obstwiesen mit Zementplatten abgedeckt.

▶ Als Ausgangspunkt wählen wir die Talstation der Seilbahn zum Taser (hinter Schenna). Wir folgen den Hinweisschildern in einen Wald, und nach kurzer Zeit kommen wir zu einer Treppe, die aus dem Felsen gehauen ist. Sie wird Katzenleiter genannt. Das Wasser fällt über eine kurze Strecke steil ab und überquert dann in Rohren den Schnuggenbach, der wiederum das Wasser für einen anderen Waal liefert. Wir erwandern eine wilde Gegend, die in völligem Gegensatz zur reglementierten Landschaft der Obstanlagen steht. Über diesen Waalweg erreichen wir das Kirchlein von St. Georgen. Von dort ist man bald nach Schenna zurückgekehrt.

TIPP

Wirtshaus Thurnerhof

Gut essen in Schenna hat einen Namen! Südtiroler saisonale Spezialitätenwochen und Weinkarte mit Südtiroler Spitzenweinen.

Fam. Bernhard Tammerle
Verdinser Straße 26
39017 Schenna
Tel. +39 0473 945702
info@thurnerhof-schenna.com
www.thurnerhof-schenna.com

Geöffnet von März bis 6. Jänner
Montag Ruhetag
Letzte Juniwoche geschlossen

Aber bereits die Wanderung von der Seilbahn zur Katzenleiter reicht aus, um einen Eindruck von diesem Wasserwaal vermittelt zu bekommen. Er ist jüngeren Datums und reicht in das Jahr 1733 zurück. Andere Waale, die wir kennengelernt haben, sind 500 Jahre älter. Da in diesem Zeitraum kaum bahnbrechende technische Hilfsmittel entwickelt wurden, ist der Verdinser Waal mit der gleichen Mühe und mit dem gleichen Arbeitsaufwand erbaut worden wie ältere Waale.

Auf diesen Seiten sehen wir markante Abschnitte von Waalen am Saum des Meraner Talkessels.

Wer noch einen Waalweg im weiteren Meraner Raum erwandern möchte, könnte den Matatzwaal aufsuchen. Er ist noch völlig intakt und gehört zu St. Leonhard in Passeier. Wir folgen den Hinweisen zum Restaurant Kristl, die uns über 1000 Meter hinauf führen. Dort erreichen wir den Waalweg und können einen schönen Rundblick und die Frische des Alpentales genießen, die besonders angenehm nach der Meraner Sommerhitze wirkt. Der Matatzwaal ist fünf Kilometer lang und wird vom Salderner Bach gespeist.
Die Wasserfassung liegt nahe der Ulfaser Alm auf 1600 Metern. Auf dem eher kurzen Waalweg gelangen wir zu einer Hütte, die als Unterschlupf für den Waaler diente, und auch eine Waalschelle gibt es noch.

Am Waal erleben die Wanderer sommerliche Frische, Ruhe und gesunde Natur.

Der Maiser Waal

Dieser Waal ist in Urkunden bereits 1472 genannt. Mit neun Kilometern ist er einer der längsten in Südtirol. Er führt durch flaches Gelände, in dem kaum Schwierigkeiten zu überwinden sind, also ein Waal durch die Talsohle, der parallel zur Passer verläuft. Die Fassungsstelle erreichen wir mit dem Linienbus, der von Meran ins Passeiertal fährt. In Saltaus steigen wir in der Nähe der Hirzerseilbahn aus, wir überqueren die Passer und gelangen zum Torgglerhof. Von hier führt der Waal durch Wiesen, Wälder und Obstanlagen mit geringem Gefälle bis zum Schloss Planta in Obermais/Meran. Den Waalweg legen wir in rund zweieinhalb Stunden zurück, wir haben einen schönen Blick auf die Passer, auf den Geländesattel, auf dem Dorf Tirol liegt, und die Berggipfel der Texelgruppe, die Dorf Tirol auf imposante Weise überragen.

Im Ultental

Wir beenden unsere Besuche der Waalwege im Burggrafenamt, in Ulten. In diesem grünen, ursprünglichen Tal, das sich von Lana weit hinein in die Bergwelt der Ortlergruppe zieht, gibt es ausgedehnte Wälder und alte Holzarchitektur in großer Vielfalt.

▶ Wir fahren über die Ultner Straße bis zum Ende des Zoggler-Stausees und weiter bis nach St. Nikolaus. Dort steht ein Hinweisschild, das uns den Weg zum Weiler St. Moritz anzeigt. Auf der asphaltierten Straße gewinnen wir bald an Höhe. Nach der zweiten Kehre stellen wir das Auto bei einer aufgelassenen Mühle ab und stoßen hinter dem Hof Innergrub auf einen Waal, der im Sommer noch Wasser führt und die Wiesen von zehn Höfen versorgt. Der Waal windet sich am Rande der Weide und des Waldes durch die Landschaft. Der Wegverlauf bietet ein schönes Panorama über das Ultental.

Für die gesamte Wanderung müssen wir, samt Rückweg, mit drei Stunden rechnen. Der Höhenunterschied beträgt rund 300 Meter. Dabei liegt der Ausgangspunkt, die Innergrubhöfe, auf 1550 Metern über dem Meer.

Nach dieser Wanderung können wir mit dem Auto bis zum Weiler St. Moritz weiterfahren, der auf einem Hügel in 1635 Metern Höhe liegt. Vor der Kirche stoßen wir neben der Straße auf die Reste eines Waales, der hier endete. Er wurde zwar 1992 verrohrt, doch bietet der noch erhaltene Begleitweg Gelegenheit zu einer lohnenden und ruhigen Wanderung. Das Wasser bezog dieser Waal von den Gletschern des Hasenöhrls. Das ist jener Berg, den wir schon aus dem Vinschgau kennen. Dort oben haben wir die Reste des Tarscher Jochwaales auf 2517 Metern gesehen. Der Bergsattel des Tarscher Joches wird vom breiten Profil des Hohen Marchegg überragt, wo eine Reihe von Steinmännchen steht.

Glossar: Begriffe aus der Welt der Waale

Wie bereits angeführt, gibt es mehr als 500 Begriffe, die mit diesem wichtigen Bereich unserer Kultur verbunden sind. Schon die Namensgebungen für die Waale sind bemerkenswert. Einige werden von der Gegend, durch die sie führen, abgeleitet, andere führen den Namen des Baches, aus dem sie das Wasser beziehen, aber der größere Teil der Waale trägt uralte Bezeichnungen, die nach ihrer Wortwurzel nicht mehr erklärbar sind und aus vorromanischer Zeit stammen könnten, also demnach keltischen oder germanischen Ursprungs sein dürften. Im Einzelnen sind wir bei der Beschreibung des Wegverlaufes für die Wanderer auf die Namensdeutung zurückgekommen. In diesem Glossar wollen wir uns darauf beschränken, einige dieser Begriffe, die noch verbreitet und in Gebrauch sind, aufzuführen und zu erklären. Sie könnten eine Hilfe sein, damit zumindest einige Bereiche dieser Kulturwanderungen auch in ihren geschichtlichen Zusammenhängen erfasst werden.

Linke Seite: Im Ultental sind nur wenige Waale bewahrt geblieben, und auch viele der einst bekannten Heilquellen werden nicht mehr genutzt.

Abkehre (oder Auskehre): Schleuse, an der das Wasser aus dem Waal in ein Feld geleitet (»gekehrt«) wird

Absandwaal: Seitenwaal, der von einem Hauptwaal abzweigt und in dem Schwemmmaterial und Sand liegen bleiben

Schwellbretter im Schlandrauntal

Gletschermehl

Ankehren: das Wasser in den Waal einleiten

Bergfurche Wasser: Maßeinheit für die Wassermenge, entspricht 20 bis 25 Liter Wasser je Sekunde (R Bergfurche)

Bichl: Geländerücken im Feld, der durch das jahrhundertelange Wassereinkehren in das Feld durch Sandablagerungen entstanden ist. Über die Flanken der Bichl rinnt das Wasser in die Felder ab und bewässert die Pfanzen

Bretterkandl: Holzrinne, die aus u-förmig zusammengenagelten Holzbrettern gefertigt ist

Dole: unterirdischer Verlauf des Waales, um Wege, steinschlag- oder lawinengefährdete Hänge zu unterqueren (auch Karnill genannt)

Einkehre: Wasserfassung am Bach oder Ableitungsvorrichtung am Hauptwaal (= Tragwaal) für einen längeren Seitenwaal

Wasserblech

Enz: Stütze oder Träger, auf dem die Kandl oder Rohre eines Waales liegen

Fux (Fuchs): kleiner Erdrutsch, der durch zu langes Bewässern entstanden ist (»ein Fux wird hinuntergeschossen«)

Ganglatte (Steg): künstliche Wegstrecke entlang des Waales in abschüssigem Gelände, die zur Sicherheit mit Brettern oder längs gelegten Baumstämmen ausgelegt ist

Hilbe: kleiner Teich bzw. größeres Becken als Wasserreserve (auch Tschött)

Ilz: kleiner Verteilerwaal in den Feldern, führt meist über Bichl

Landfurche Wasser: Maßeinheit für die Wassermenge, entspricht 35 bis 40 Liter Wasser je Sekunde (R Ackerfurche)

Pingger: Verbindungswaal zwischen dem Hauptwaal (= Tragwaal) und den Ilzen, verläuft oft rechtwinklig zum Hang

Der Waaler bei der Arbeit

Alte Waalerhütte

Rechen: Säuberungsvorrichtung im Waal, besteht aus einem Metallgitter oder gitterförmig zusammengefügten Ästen

Road (Rod): Ordnungsprinzip der Wassernutzung; die Reihenfolge, in der die Bauern das Bewässerungswasser zugeteilt bekommen

Roadtog (Rodtag): festgelegter Tag, an dem ein Bauer »die Road hat«, also bewässern darf

Runst: Vertiefung in der Erde, die sich das Wasser in seinem natürlichen Lauf gegraben hat

Schrothaue: große Haue, die zum Graben und Säubern der Waale dient

Schwellbrett (Wasserbrett): höhenverstellbares Holzbrett zum Regulieren oder Ableiten des Wassers

Tain: Feldstreifen zwischen zwei Waalen

Baumstämme werden ausgehöhlt

Waalschelle

Tragwaal: Hauptwaal, von dem weitere Waale abzweigen

Waal: von Menschenhand geschaffener Wasserkanal zum Zweck der Heranleitung von Wasser für Feldbewässerung oder als Zuleitung für Mühlen oder Sägewerke

Waaler: Mann, der für die Instandhaltung und die reibungsfreie Verteilung des Wassers zuständig ist; wegen seiner wichtigen Aufgabe hochgeachtete Person, die öfters auch das Amt des Friedensrichters bekleidete

Waalerhütte: kleine Hütte in der Nähe des Tragwaales, in der der Waaler den Sommer über hauste

Waalplatte: Steinplatte, die zum Ableiten des Wassers in die Felder in den Waal eingeschlagen wird

Waalschelle: einfache akustische Signalvorrichtung, vom Wasser des Waales selber betrieben: über ein Schaufelrad im

Wegsicherungen entlang des Waales

Üppige Vegetation

Wasser wird mit Drahtzug ein Hammer auf ein glockenähnliches Blech geschlagen. Der weithin hörbare regelmäßige Hammerton zeigte das Funktionieren des Waales an.

Waalweg: schmaler Versorgungssteig, der den Waal entlangführt. Er war wichtig für die Kontrollgänge und für die Erhaltungsarbeiten. Diese Waalwege gewinnen zunehmend als Wanderrouten Bedeutung

Wasserwosser (Wasserwasser): Bewässerungswasser, das über die Waale geführt wird

Weile: Zeiteinheit; Dauer, für die an den festgelegten Tagen das Wasser einem bestimmten Feld zur Verfügung stand.

URGESCHICHTLICHES AM WAAL

Figurenmenhire

Die anthropomorphen Steinstelen zählen zu den herausragenden Beispielen prähistorischer Kunst. Diese aufragenden Steine sind bearbeitet, zeigen stilisierte menschliche Merkmale und üben auf die Betrachter eine besondere Faszination aus.

Im breiten Talbecken der Etsch, also im Trentino und in Südtirol, sind bisher 19 Statuenstelen aufgefunden worden, (in ganz Europa können wir über 500 zählen). Sie sind Zeugen der Megalithkultur, die rund 5000 Jahre zurückreicht, in die Zeit des ausgehenden Neolithikums und der beginnenden Kupferzeit. Auf vielen Stelen sind mit großer Sorgfalt Darstellungen eingemeißelt, die Gegenstände, wie Hellebardenspitzen, Dolche und Lanzen zeigen, die damals bereits aus Metall gefertigt waren. Im Umland von Meran und im Vinschgau sind fünf anthropomorphe Steinstelen gefunden worden, die alle aus heimischen Marmorsteinen gestaltet sind. Zu den bekanntesten zählen jene von Algund. Zwei sind 1932 bei Feldarbeiten gefunden worden; die größte ist reich bearbeitet, 275 Zentimeter hoch und wiegt 2500 Kilogramm. Zehn Jahre später hat der Lokalhistoriker Matthias Ladurner Parthanes im Gelände nach weiteren Menhiren gesucht und noch zwei gefunden. Sie lagen in einer Steinhalde, die von einem antiken Felssturz stammte.

Im Jahre 1992 wurde ein Figurenmenhir gefunden, der in der Altarmensa der Kirche zu Unserer Lieben Frau am Bichl eingemauert war. Es ist durchaus möglich, dass er aus dem prähistorischen Siedlungsbereich am heutigen Latschanderwaal stammt, der 2007 ergraben worden ist. Der Ort, der in der Zeit zwischen Neolithikum und Eisenzeit besiedelt war, ist öfters von Steinlawinen bedeckt worden. Der Figurenmenhir von Latsch ist ein imposanter Stein, in den Gegenstände, Tiere, Menschen und geheimnisvolle Zeichen eingearbeitet sind, die auch als Sonnensymbole gedeutet werden. Was bedeuten diese außerordentlichen Werke der prähistorischen Kunstfertigkeit? Das ist schwer zu sagen, und es gibt viele Hypothesen. Es ist auch nicht gesichert, ob diese Figurensteine die Weiter-

Figurenmenhir aus Latsch

Die Untergrüblplatte, eine der bekannten Südtiroler Schalensteine

entwicklung der Naturmenhire darstellen, die nicht bearbeitet und nur als aufragende Steinstelen in die Erde gerammt waren. Vielleicht haben sie einen kultischen Ursprung als Darstellung von Gottheiten, von Geistern oder Führungspersönlichkeiten der damaligen Gesellschaft. Vielleicht sollten sie an diese erinnern und diese Erinnerung in Stein erhalten. Die reiche Bearbeitung der Steine könnte auch darauf hindeuten, dass diese steinernen Denkmäler wichtige Abschnitte in der Menschheitsgeschichte dokumentieren sollen.
Diese wunderbaren Kunstwerke faszinieren wegen ihrer Einfachheit der Darstellung, mit der menschliche Grundmerkmale in Stein gehauen werden, und wegen der modernen expressiven Abstraktion, die sie auszeichnen. Es mussten tausende von Jahren vergehen, bis einzelne Künstler wie Amedeo Modigliani, Henry Moore oder Rainer Kriester diese Archetypik wieder entdeckt haben.
Figurenmenhire können im Archäologiemuseum in Bozen, im Stadtmuseum von Meran und in der Bichlkirche in Latsch besichtigt werden.

Schalensteine

Schalensteine finden wir auf der ganzen Welt, sie gehören allen Kulturepochen an und ihre Deutung ist bis heute unklar. Eine Wanderung auf den Waalwegen bietet Gelegenheit, um verschiedene Aspekte der Geschichte und der Urgeschichte des Vinschgaus und des Burggrafenamtes kennen zu lernen. Vom Algunder Waal kann man über Plars zur Leiteralm (1522 m ü. d. M.) aufsteigen, die auch über einen Sessellift erreichbar ist. Von dort führt ein Steig mit Nummer 24 auf die Taufenscharte (2125 m) und weiter zum Pfitscher Sattel auf 2130 m (Gehzeit ca. 2,5 Stunden). Dort fallen sofort die Reste von Baulichkeiten in Trockensteinmauerwerk und viele Platten mit Steinzeichnungen und Schalensteine auf. Alle liegen sie am Ufer eines kleinen Sees, der Teil einer auffälligen Seenlandschaft ist. Die gesamte Zone ist reich an Spuren von uralten menschlichen Siedlungen: Fragmente aus Silex reichen mehr als 7000 Jahre zurück, während die Reste aus Keramik dem 7. Jahrhundert v. Chr. angehören, sowie eine Lanzenspitze aus Bronze und eine Fibel aus der Römerzeit. In das Mittelalter reichen die Fischereirechte zurück, ebenso die Wasserableitungen (auch für den

Kuenser Waal), über welche die Fluren in Dorf Tirol, Riffian und Kuens versorgt werden. Das sind alte Rechte, die heute noch Gültigkeit haben. Über diesen Pfitscher Sattel führte bis im vorigen Jahrhundert der Weg, auf dem die Toten von Pfelders zur Beerdigung nach St. Peter ober Gratsch gebracht werden mussten. Auf diesem Sattel wurde Totenrast gehalten; vielleicht wurden in den Vertiefungen der Schalensteine kleine Feuer entzündet.

Zu den Spronser Seen gibt es mehrere Sagen, die von schönen Feen mit wehenden Haaren erzählten. Sie sollen die Wanderer dazu eingeladen haben, mit ihnen auf den Grund des Sees hinunter zu steigen. Es gibt auch die Erzählung vom See, der Unwetter auslöste, wenn ein Stein auf der Wasseroberfläche aufschlug, den ein Wanderer in den See geworfen hatte.

Im Vinschgau können wir schöne Schalensteine auf den Felspartien oberhalb des Latschanderwaales beobachten. Der Steig führt vom Kreisverkehr bei Latsch mit Nr. 8A (Trumsberg)

Der klassische Blick über die Spronser-Seen-Platte

Die Klumperplatte bei Kastelbell

hinauf zu einer Metallstele, die auf die Schalensteine weist, die wenig unterhalb im Gelände liegen (Untergrüblplatte). Man steigt also eine kurze Strecke ab und folgt dann einem kleinen Steig, der rechterseits bis zu einer Asphaltstraße führt. Eine kurze Strecke folgen wir dieser Straße abwärts und zweigen dann zum Steig Nr. 8 (Kastelbell) rechts ab. In der Nähe einer »Tschött« (Wasserbecken) steht eine weitere metallene Stele, die uns auf die Klumperplatte weist. Sie ist ein besonderes Kulturdenkmal aus der Megalithkultur, das mit vielen Schälchen übersät ist. Über ein kleines Waldstück, durch eine Obstwiese und einen Weinberg erreichen wir wieder den Latschanderwaal, der uns nach Kastelbell führt. Dieser kurze »Umweg« nimmt weniger als anderthalb Stunden in Anspruch.

Via Claudia Augusta

Als im Jahre 15 v. Chr. Drusus und Tiberius, die Stiefsöhne des römischen Kaisers Augustus, den Alpenbogen eroberten, stießen sie in den Bergtälern auf eine Bevölkerung, der sie den Namen Raeti gaben. Diese hatte bereits ein Netz von Wegen und Steigen gebaut. Die Römer haben dieses Wegenetz zumindest in den Hauptlinien weiter ausgebaut, um schneller und in Sicherheit die nördlich der Alpen gelegenen eroberten Gebiete zu erreichen. Claudius, Sohn des Drusus, ließ im Jahre 46 n. Chr. die Via Claudia Augusta fertig stellen, die von der padanischen Ebene in das nördliche Voralpengebiet, also vom Po zur Donau, führte. Die Straße war 350 Meilen lang (518 Kilometer). Damals führten die Römer ihre Reichsstraße nicht über den Brenner, sondern sie zogen über den Reschenpass. Der Brenner wurde erst im Mittelalter zur wichtigen Handelsverbindung. In Algund ist der Brückenkopf einer steinernen Römerbrücke erhalten geblieben, von der man annimmt, sie hätte eine Länge von 180 Metern gehabt und wäre auf sieben oder acht Pfeilern gestanden.

In Rabland kam 1552 nach einem Murbruch ein römischer Meilenstein zum Vorschein, der eine Inschrift mit aufschlussreichen Informationen über die Via Claudia Augusta trägt: »Tiberius Claudius Caesar Augustus, Germaniensieger, Oberpriester, zum 6. Mal mit der tribunizischen Gewalt betraut, für das 4. Konsulat designiert, zum 11. Mal Oberfeldherr, Vater des Vaterlandes, hat die Via Claudia Augusta, welche sein Vater Drusus nach der Öffnung der Alpen im Krieg angelegt hatte, ausgebaut vom Fluss Po an den Fluss Donau über eine Strecke von 350 Meilen.«

Wir haben also klare Beweise über den Streckenverlauf, wenn auch im Vinschgau bis heute keine originalen Straßenstücke der Via Claudia Augusta nachgewiesen werden konnten. In Naturns, Eyrs und Mals haben archäologische Funde wie Münzen und Statuen den Straßenverlauf bestätigt. Dort waren vielleicht auch Straßenstationen eingerichtet, wo die Pferde gewechselt werden konnten. Im Laufe der Zeit wurden sie zu kleinen Handelszentren ausgebaut, wo dann auch die ersten christlichen Kirchen entstanden sind. St. Prokulus in Naturns ist vorromanischen Ursprungs, St. Medardus in Tarsch und St. Benedikt in Mals enthalten wichtige Spuren von romanischen Fresken. Sie sind gleichzeitig Zeugen dieser wichtigen Straßenverbindung, die durch das ganze Tal führte. Sie brachte die lokale Bevölkerung in Verbindung mit Leuten aus anderen, fremden Ländern und Kulturen. Da die Menschen damals noch langsam reisten, waren die Straßen lokale Anknüpfungspunkte für kulturelle und wirtschaftliche Beziehungen.

Römischer Meilenstein der Via Claudia Augusta

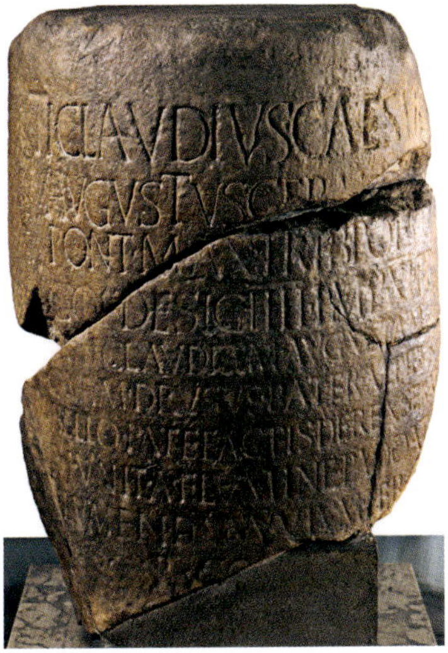

Literatur

Bernard, G.: Uomo e ambiente a Bellino; Valados Usitanos. Gaiola (CN) 1983

Bibliotheken des Vinschgaus (Hg.): Lügen die Vinschger?; Schlanders 1992

Döbler, H.: Jäger Hirten Bauern; Bertelsmann Kunstverlag 1971

Fliri, F.: Das Klima der Alpen im Raume Tirol. Innsbruck–München 1975

Gamper, P.: Bild und Chronik von Altschlanders; Raiffeisenkasse. Schlanders 1984

Marseiler, S.: Vinschgau; Tappeiner, Lana 1987

Massajoli, P.: Cultura alpina in Liguria; SAGEP Editrice. Genova 1984

Meliorierungskonsortium Kortsch (Hg.): Die Zeit des Umbruchs; Kortsch 1986

Menara, H.: Südtiroler Waalwege; Athesia, Bozen 1986

Müller, M. J. : Handbuch ausgewählter Klimastationen der Erde. Trier 1980

Ponzo, P.: Val Mairo – Viéio Suhour; Centre Prouvencal Coumboscuro (CN) 1986

Raffeiner, H.: Die Säule der Landwirtschaft. Festschrift Bonifizierungskonsortium Vinschgau. 1991

Schomberg, R. C. F.: Between the Oxus and the Indus; Lahore 1933

Sentis, G.: Nevache et sa vallèe; Guirimand. Grenoble 1982

Simler, J.: Die Alpen (De Alpibus Commentarius, 1574); Carta, Pforzheim 1984

Stauffer, J.; Guggenbühl, H.: Wasser-Fall Graubünden; Verlag M & T Helvetica. Chur 1989

Tannahill, R.: Kulturgeschichte des Essens; dtv, München 1979

Tumler, F.: Das Land Südtirol; Piper, München 1984

Verschiedene Autoren: Über Waale und Wasser; Meran 1989

Wielander, H.: Der Vinschgauer Sonnenberg; Arunda Nr. 3. Schlanders 1985